Andreas Fraude

Die Friedliche Revolution in der DDR im Herbst 1989

Andreas Fraude, geb. 1964 in Hamburg, Studium der Politikwissenschaft
und der Neueren und Neuesten Geschichte an den Universitäten in Bam-
berg und Hamburg; Diplom-Politologe, freier Publizist; seit 2012 Ange-
stellter im Kirchlichen Verwaltungszentrum des Ev.-Luth. Kirchenkreises
Hamburg-Ost.

Diverse Veröffentlichungen, vor allem in der Zeitschrift „Deutschland Archiv" (bis 2011) u.a. zu Aspekten der DDR-Vergangenheit, zum deutschen
Vereinigungsprozess und zum politischen Extremismus. Für die Landeszentrale für politische Bildung Thüringen in dieser Reihe: Die Außenpolitik
der DDR, Erfurt 2006 sowie in der Reihe „Politische Systeme in Deutschland": Die Deutsche Demokratische Republik, Erfurt 2013 (2. Auflage).

Diese Veröffentlichung stellt keine Meinungsäußerung der Landeszentrale
für politische Bildung Thüringen dar. Für inhaltliche Aussagen trägt der Autor die Verantwortung.

Landeszentrale für politische Bildung Thüringen
Regierungsstraße 73, 99084 Erfurt
www.lzt-thueringen.de
2. erweiterte und aktualisierte Auflage 2014

ISBN: 978-3-943588-53-8

Inhalt

Der historische Vorgang und seine Bezeichnungen

Die Monate der Friedlichen Revolution in der DDR im Herbst 1989 gehören zur interessantesten Phase in der Geschichte des ostdeutschen (Teil-) Staates. Während dieser Zeit durchliefen Staat und Gesellschaft einen tiefgreifenden Veränderungsprozess, welcher schließlich in der Auflösung der DDR und der (Wieder-) Vereinigung Deutschlands am 3. Oktober 1990 mündete. Massenhafte Flucht in die Bundesrepublik einerseits und (friedliche) Massendemonstrationen andererseits erschütterten die Grundfesten des „Realen Sozialismus" ostdeutscher Prägung. Alle Versuche der Führung der Sozialistischen Einheitspartei Deutschlands (SED), ihr Machtmonopol durch – vordergründige – Zugeständnisse zu retten, waren, wie sich schnell zeigte, zum Scheitern verurteilt.

Während des Prozesses der Revolution gab es kaum einen Tag, der nicht von atemberaubenden Veränderungen bestimmt war, die sich bis dahin niemand in und außerhalb der DDR vorzustellen vermochte. Das in dieser Zeit meistgebräuchliche Wort „Wahnsinn" gab dieser Tatsache lebendigen Ausdruck. Verlauf und Entwicklung der Ereignisse im Herbst 1989 waren geprägt vom rasanten Verfall einer Partei, die sich vier Jahrzehnte lang angemaßt hatte, nahezu unumschränkt über die Deutschen in der DDR zu herrschen. Dabei war der 9. November, der Tag, an dem die Grenzübergänge zwischen der DDR und der Bundesrepublik sowie innerhalb Berlins geöffnet wurden, auch rückblickend besonders bedeutsam. Dieses Datum wurde zu einem Symbol, weil die revolutionären Ereignisse hier einen ersten wichtigen Höhepunkt erreichten und von manchen Beobachtern bereits als Vorbote der später vollzogenen deutschen Einheit angesehen wurden. Der 9. November spielte in der deutschen Geschichte schon häufig eine wichtige und vor allem wechselvolle politische Rolle: So dankte an diesem Tag 1918 Kaiser Wilhelm II.

ab und der spätere Reichskanzler Philipp Scheidemann rief die deutsche Republik aus; am 9. November 1938 wurden im nationalsozialistischen Deutschen Reich jüdische Einrichtungen zerstört und Synagogen in Brand gesetzt.

Der Begriff der „Friedlichen Revolution" ist nicht als selbstverständliche Bezeichnung in den allgemeinen Sprachgebrauch eingegangen. Vielmehr dominiert für die historischen Ereignisse 1989 weithin der eher neutrale Begriff „Wende", welcher allerdings die Wucht der damaligen Vorgänge nicht angemessen widerspiegelt. Kritiker der Bezeichnung erinnern auch daran, dass der neugewählte SED-Generalsekretär Egon Krenz den Terminus „Wende" erstmals in seiner Antrittsrede am 18. Oktober 1989 benutzte und damit das Ziel verband, die SED möge die „politische und ideologische Offensive wiedererlangen". Damit waren also gerade nicht jene massiven politischen Umwälzungen gemeint, wie sie sich dann in den Folgewochen ereigneten. Dagegen sollte nach dem Willen von Krenz und seiner Partei der Sozialismus „in den Farben der DDR" lediglich „erneuert" werden, der umfassende Machtanspruch der SED aber in jedem Fall erhalten bleiben. Zudem war der „Wende"-Begriff bereits durch ein anderes politisches Ereignis in der alten Bundesrepublik belegt: Nach der Ablösung von Bundeskanzler Helmut Schmidt (SPD) durch Helmut Kohl (CDU) am 1. Oktober 1982 kündigte dieser in seiner Regierungserklärung eine – danach vieldiskutierte – „geistig-moralische Wende" für die künftige Politik des Landes an.

Neben Kennzeichnungen wie „Umbruch", „Zusammenbruch" oder „Implosion" hat sich neben „Wende" noch am ehesten der – historisch wertende – Begriff der „Revolution" durchgesetzt, allerdings in Verbindung mit verschiedenen Attributen, die eine weitergehende Bestimmung der damaligen Geschehnisse aufzeigen sollen. Als Beispiele seien hier genannt „demokratische", „sanfte", „gewaltfreie", „unblutige", „nationale", „protestantische", „nachholende" oder schlicht „deutsche Revolution". Der Begriff „Revolution" ist für die damaligen Ereignisse in der DDR in jedem Fall angemessen, weil damit der grundlegende Wandel der politischen Machtverhältnisse, der Systemwechsel von einer Diktatur hin zu einer demokratischen Ordnung auf dem Gebiet Ostdeutschlands zum Ausdruck gebracht werden kann. Außerdem verlief die Revolution in der DDR – im Gegensatz zu anderen vergleichbaren Umbrüchen in der Geschichte – alles in allem unblutig; der Begriff der „Friedlichen Revolution" stellt dieses Hauptcharakteristikum der damaligen Ereignisse heraus.

Die folgenden Ausführungen beschreiben im Schwerpunkt die Ereignisabläufe der Monate September bis Dezember des Jahres 1989, weil sich während dieser Zeit die Hauptetappen der Revolution in der DDR vollzogen. Zwar gab es bereits im August mit der Flucht von DDR-Bürgern in die bundesdeutschen Botschaften von Budapest und Prag sowie in die Ständige Vertretung der Bundesrepublik in Ost-Berlin deutliche Vorzeichen für die dann folgenden Entwicklungen, doch zeigten sich zu diesem Zeitpunkt noch keine grundlegenden Auflösungserscheinungen. Zum Jahresende 1989 wiederum war der staatliche Zerfallsprozess bereits so weit vorangeschritten, dass – gerade im Rückblick – der revolutionäre Prozess als abgeschlossen angesehen werden kann. Symbolisiert wurde dieses auch durch eine gemeinsame Silvesterparty Hunderttausender Berliner aus beiden Teilen der Stadt am Brandenburger Tor. Die jahrzehntelang nahezu unüberwindbare Mauer, in der Propagandasprache der kommunistischen Staatspartei als „antifaschistischer Schutzwall" bezeichnet, hatte, obwohl physisch noch vorhanden, ihren trennenden Charakter endgültig verloren.

Die Vorgeschichte der Friedlichen Revolution

Die Friedliche Revolution von 1989 war vor allem deshalb möglich, weil sich die DDR zu dieser Zeit bereits in einer tiefen Krise befand. Die reformorientierten Veränderungen in der Sowjetunion, aber auch in den ehemals „realsozialistischen" Warschauer-Pakt-Staaten Polen und Ungarn waren zum Maßstab derjenigen Menschen geworden, die ähnliches gleichfalls für die DDR erhofften. Entsprechende Anzeichen blieben allerdings aus, sodass der ostdeutsche Staat sich auch außenpolitisch immer mehr isolierte. Im Alltag belasteten die Bürger neben den politischen Widrigkeiten wirtschaftliche Stagnation, bedenkliche Versorgungsengpässe und massive Schädigungen der Umwelt. Der westliche deutsche Staat als direkter oder medial präsenter Vergleichsmaßstab erschien für viele weit attraktiver, was – umgekehrt – die Verhältnisse in der DDR nur noch unerträglicher erscheinen ließ.

Die Beseitigung der Grenzanlagen zwischen Ungarn und Österreich im Sommer 1989 verstärkte dann wesentlich die Massenflucht von DDR-Bürgern in die Bundesrepublik. Diese zugespitzte politische Situation trug wesentlich zu den Massenprotesten und zu der raschen Formierung oppositioneller Gruppierungen bei – insbesondere nach den bizarr anmutenden offiziellen Feierlichkeiten am 6. und 7. Oktober 1989 zum 40. Jahrestag der DDR-Gründung. Von der überalterten und dogmatischen Führungsspitze um SED-Generalsekretär Honecker erwartete die Bevölkerung allgemein keine politischen Veränderungen mehr. Dazu trugen auch entsprechende Vorgänge und Äußerungen zur Jahreswende 1988/1989 bei. So prägte Honecker auf einer Veranstaltung zum 70. Gründungstag der KPD am 29. Dezember 1988 den Begriff vom „Sozialismus in den Farben der DDR", der augenscheinlich als Abgrenzung zu den reformerischen Entwicklungen in Moskau gedacht war: „Wir gestalten die entwickelte sozialistische Gesellschaft hier in diesem Land, nicht

Einheit

Zeitschrift für Theorie und Praxis
des wissenschaftlichen Sozialismus
Herausgegeben vom Zentralkomitee
der Sozialistischen Einheitspartei
Deutschlands

Proletarier
aller Länder,
vereinigt
euch!

SOZIALISMUS IN DEN FARBEN DER DDR

6
89

Titelseite der SED-Theoriezeitschrift „Einheit" im Juni 1989.

im luftleeren Raum und auch nicht unter Verhältnissen, wie sie anderswo, aber nicht bei uns bestehen. Wir gestalten sie in den Farben der DDR". Kurt Hager, SED-Politbüromitglied und zuständig für Kultur- und Bildungspolitik, hatte bereits im April 1987 im westdeutschen Magazin „Stern" auf Fragen zum Verhältnis der DDR zu den Reformen in der Sowjetunion die (rhetorische) Gegenfrage gestellt: „Würden Sie, wenn Ihr Nachbar seine Wohnung neu tapeziert, sich verpflichtet fühlen, Ihre Wohnung ebenfalls neu zu tapezieren?". Dass die DDR davon im übertragenen Sinne weit entfernt war, stellte sie mit der Streichung der sowjetischen Zeitschrift „Sputnik" von der Postzeitungsliste am 19. November 1988 unter Beweis. Das Periodikum, welches kritische Beiträge zur Stalin-Ära veröffentlicht hatte, lieferte nach Auffassung der SED-Spitze „keinen Beitrag, der der Festigung der deutsch-sowjetischen Freundschaft dient". Vor dem Komitee zur Vorbereitung des Thomas-Müntzer-Jahres in der DDR am 19. Januar 1989 äußerte Honecker schließlich, die Mauer werde „so lange bleiben, wie die Bedingungen nicht geändert werden, die zu ihrer Errichtung geführt haben. Sie wird in 50 und auch in 100 Jahren noch bestehen bleiben, wenn die dazu vorhandenen Gründe noch nicht beseitigt sind". Damit enttäuschte der Staats- und Parteichef auch (vage) Hoffnungen, die überraschend während seines „Arbeitsbesuchs" vom 7. bis 11. September 1987 in der Bundesrepublik aufgekommen waren: Dort hatte er in Aussicht gestellt, dass der Tag kommen könne, „an dem Grenzen uns nicht mehr trennen, sondern vereinen".

Diese perspektivlosen Entwicklungen in der DDR beflügelten bereits bestehende oppositionelle Gruppierungen, ihren Protest verstärkt und sichtbarer als bisher nach außen zu tragen. Bereits Mitte der 1970er Jahre hatten sich im Umfeld und unter dem Schutz der evangelischen Kirche Gruppen mit thematischen Schwerpunkten wie Menschenrechte, Frieden, Abrüstung und Umweltschutz in der DDR gebildet, die sich in ihren Aktivitäten durch internationale blockübergreifende

1986 „Berlinermauer" von Noir – http://de.wikipedia.org/wiki/
Datei:Bethanien06.jpg

Berlin 1986

Abkommen wie die KSZE-Dokumente bestärkt sahen. In den
1980er Jahren, zu einer Zeit, als die DDR international durchaus anerkannt war, regte sich im Innern vermehrt politischer
Widerstand. Zu den allmählich immer selbstbewusster agie-
renden Basisgruppen gehörten beispielsweise die „Friedens-
gemeinschaft Jena" (Gründung im März 1983), die Initiative
„Frauen für den Frieden" (1982; Vertreterinnen neben anderen Bärbel Bohley und Ulrike Poppe), die Initiative „Berliner
Appell – Frieden schaffen ohne Waffen" vom 25. Januar 1982
(vertreten von Rainer Eppelmann, Ralf Hirsch und Robert
Havemann) sowie die auf eine Wehrdienstverweigerung
in der DDR abzielende, 1981 in Dresden gegründete Initiative „Sozialer Friedensdienst" (SoFd). Diese und zahlreiche
andere kleine Gruppen, denen sich häufig auch Ausreisean-
tragsteller anschlossen, veranstalteten im letzten Jahrzehnt

der DDR vornehmlich in Ost-Berlin, Leipzig, Dresden und Jena Demonstrationen, die meist rasch von Sicherheitskräften unterbunden wurden sowie Verhaftungen und Verurteilungen zu Freiheitsstrafen nach sich zogen. In der zweiten Hälfte der 1980er Jahre bildeten sich unabhängige politische Gruppierungen zunehmend auch außerhalb der Kirchenstrukturen. Am 24. Januar 1986 gründete sich in Ost-Berlin die „Initiative Frieden und Menschenrechte" (IFM) mit ihrer „Untergrund"-Zeitschrift „Grenzfall". Diese wurde zur ältesten Bürgerrechtsbewegung in der DDR und orientierte sich politisch an ähnlich gesinnten Bewegungen in Osteuropa. Zu ihren Gründungsmitgliedern gehörten unter anderem Ulrike und Gerd Poppe, Werner Fischer, Wolfgang Templin; später schloss sich der Gruppierung auch Marianne Birthler an, die Bundesbeauftragte für die Stasi-Unterlagen der ehemaligen DDR zwischen 2000 und März 2011. Eine herausragende Rolle spielte zudem das in der DDR flächendeckend agierende, im Frühjahr 1988 entstandene Netzwerk „Arche", welches sich vor allem Umweltfragen widmete. Eine Gegenöffentlichkeit schaffte die in den 1980er Jahren vermehrt verbreitete und unabhängig in Selbstverlagen erscheinende sogenannte „Samisdat"-Literatur. Dazu gehörten neben dem „Grenzfall" auch die „Umweltblätter" der am 2. September 1986 eröffneten „Umwelt-Bibliothek" bei der Ost-Berliner Zions Kirchengemeinde sowie zahlreiche andere Informationsblätter wie „Arche Nova", „Kontext", „Ostkreuz" (jeweils Berlin) oder „Anschlag", „Kontakte" und „Streiflichter" (jeweils Leipzig). Dass gerade Leipzig – in Bezug auf den Herbst 1989 häufig auch als „Hauptstadt der Revolution" bezeichnet – oftmals Ausgangspunkt (vor)revolutionärer Aktivitäten war, hing vor allem damit zusammen, dass dort ökonomische und ökologische Probleme, welche die DDR als Ganzes charakterisierten, besonders ausgeprägt waren.

Die oppositionellen Gruppierungen vernetzten sich 1988/1989 noch stärker; aus ihnen heraus wuchsen dann die im Herbst 1989 in recht schneller Folge entstandenen

Protestorganisationen. Ein wichtiger politischer Vorbote der Friedlichen Revolution war eine am 15. Januar 1989 in Leipzig durchgeführte Demonstration, die als Gegenveranstaltung zu der offiziellen „Kampfdemonstration" in Ost-Berlin anlässlich des 70. Jahrestages der Ermordung von Rosa Luxemburg und Karl Liebknecht gedacht war. Zuvor hatte eine „Initiative zur demokratischen Erneuerung unserer Gesellschaft" durch Flugblätter dazu aufgerufen, sich am Markt vor dem Alten Rathaus einzufinden, um für „Demokratisierung unseres sozialistischen Staates", das Recht auf freie Meinungsäußerung und Versammlungs- und Vereinigungsfreiheit einzutreten. Den mehreren hundert Teilnehmern gelang der Zug bis zum Innenstadtring, bevor die „widerrechtliche Ansammlung" aufgelöst und einige Demonstranten festgenommen wurden; die Initiatoren der Veranstaltung waren bereits zwei Tage vorher inhaftiert worden. Schon ein Jahr zuvor, am 17. Januar 1988, hatten über hundert Angehörige von Friedens- und Menschenrechtsgruppen in Ost-Berlin versucht, sich mit Transparenten – auch auf das Luxemburg-Zitat „Freiheit ist immer auch die Freiheit des Andersdenkenden" berufend – unter die Teilnehmer der offiziell stattfindenden Demonstration zu mischen, was aber durch Sicherheitskräfte schnell vereitelt wurde. Prominente Initiatoren dieser Protestveranstaltung wie Bärbel Bohley, Freya Klier, Wolfgang Templin und der Liedermacher Stefan Krawczyk wurden dann unter Androhung hoher Haftstrafen faktisch zur Ausreise in den Westen gezwungen. Diese als Befreiungsschlag gedachte Maßnahme löste allerdings eine Welle des Protestes aus und verstärkte den allgemeinen Unmut noch.

Die Geschehnisse im Zusammenhang mit den Kommunalwahlen am 7. Mai 1989 können bei Betrachtung der Gesamtereignisse durchaus schon als „vorrevolutionäre" Phase angesehen werden. Prinzipiell hatte sich am Verfahren nichts verändert: Wie schon bei vorherigen „Wahlen" in der DDR handelte es sich hierbei nicht um eine wirkliche Auswahl zwischen mehreren in Konkurrenz zueinander stehenden Parteien und Kandidaten. Vielmehr war lediglich eine einheitliche Liste der „Nationalen Front der DDR", welche die Blockparteien und Massenorganisationen unter Führung der SED umfasste, zustimmungsfähig. Die Mandatsverteilung auf allen Ebenen einschließlich einer Mehrheitsgarantie für die führende Partei stand schon vor dem Wahltag fest. Wegen des bekannten scheindemokratischen Rituals des „Zettelfaltens" wurden auch die vorhandenen Wahlkabinen kaum genutzt; zudem bedeutete es einen hohen Aufwand und vor allem großen Mut, Stimmzettel als ungültig zu kennzeichnen. Im Vorfeld *dieser* Wahl forderten Bürgerrechtler erstmals massiv und offen das Recht zur Aufstellung unabhängiger (oppositioneller) Kandidaten ein, was ihnen aber erwartungsgemäß verwehrt wurde. Daraus folgten öffentliche Bekenntnisse zur Wahlverweigerung und Aufrufe zum Wahlboykott. Am Tag der Wahl organisierten dann nahezu flächendeckend Mitglieder unabhängiger Gruppen eine öffentliche Kontrolle der Stimmenauszählung in den Wahllokalen. Dadurch konnten Wahlfälschungen im großen Ausmaß aufgedeckt werden; das offizielle Ergebnis wies 98,85 Prozent der Stimmen für den „Gemeinsamen Wahlvorschlag der Nationalen Front" aus, die Wahlbeteiligung lag angeblich bei 98,78 Prozent. Schon fünf Tage später legten Berliner Bürgerrechtler Einspruch gegen die Gültigkeit der Kommunalwahlen ein, andernorts wurde Strafanzeige wegen des Verdachts der Wahlfälschung erstattet. Trotz staatlicher Einschüchterungsversuche entfaltete sich eine recht breit angelegte Protestwelle: Jeweils am siebten Tag der nun folgenden Monate versammelten sich Demonstrierende in Berlin, um an die gefälschten Kommunalwahlen zu erinnern.

Die blutige Niederschlagung der friedlichen studentischen Proteste auf dem „Platz des himmlischen Friedens" in Peking durch chinesische Militärs am 4. Juni 1989 lenkte die Aufmerksamkeit dann auch auf die Frage, zu welchen Maßnahmen sich die Sicherheitskräfte in der DDR bei ähnlich gelagerten Protesten veranlasst sehen könnten – zumal die

SED-Führung das Vorgehen des kommunistischen Regimes verteidigte. So hieß es in einer Stellungnahme der Volkskammer am 8. Juni „zu den aktuellen Ereignissen in der Volksrepublik China" rechtfertigend, dass bei diesem „Einsatz bewaffneter Kräfte" auch „bedauerlicherweise zahlreiche Verletzte und Tote zu beklagen seien"; ferner wandte man sich „gegen jegliche ausländische Einmischung". Der Generalsekretär des Zentralkomitees (ZK) der KP China, Jiang Zemin, dankte am 14. Juli SED-Politbüromitglied Günter Schabowski, der sich zu einem offiziellen „Freundschaftsbesuch" in China aufhielt, ausdrücklich für die „solidarische Haltung der SED und der DDR" gegenüber den Schritten der chinesischen Führung bei der Niederschlagung des „konterrevolutionären Aufruhrs". Und noch am 1. Oktober, also schon zu einer Zeit revolutionärer Regungen im Ostteil Deutschlands, nahm eine Partei- und Staatsdelegation der DDR unter Leitung von Egon Krenz an den Feierlichkeiten zum 40. Jahrestag der Volksrepublik China teil. Krenz selbst hatte im Zusammenhang mit dem Massaker vom 4. Juni geäußert, es sei „etwas getan worden, um die Ordnung wieder herzustellen".

In anderer Hinsicht aufschlussreich war ein Radiobeitrag des Rektors der Akademie für Gesellschaftswissenschaften beim ZK der SED (AfG), Prof. Otto Reinhold, am 19. August zur Frage der Notwendigkeit bzw. des Ausbleibens von Reformen in der DDR im Gegensatz zu anderen Ländern des ehemaligen Ostblocks: „Sie haben alle bereits vor ihrer sozialistischen Umgestaltung als Staat mit kapitalistischer oder halbfeudaler Ordnung bestanden. Ihre Staatlichkeit war daher nicht in erster Linie von der gesellschaftlichen Ordnung abhängig. Anders die DDR: Sie ist nur als antifaschistischer, als sozialistischer Staat, als sozialistische Alternative denkbar!". Damit hatte erstmals ein ranghoher SED-Funktionär, wenn auch abwehrend, die nationale „deutsche Frage" aufgeworfen, noch lange bevor sie im Verlauf der Friedlichen Revolution allmählich auf die Tagesordnung der Weltpolitik gelangte.

Ereignisse und Verlauf des „Revolutionsherbstes" 1989 in der DDR

September 1989: Massenflucht und Bildung oppositioneller Gruppen

Die politische Situation in der DDR hatte sich bereits im Verlauf des Sommers 1989 extrem verschärft. Mit Beginn des Abbaus der Sicherungsanlagen an der Grenze zwischen Ungarn und Österreich entschlossen sich immer mehr DDR-Bürger zu einem Fluchtversuch über die (schon „reformkommunistische") Ungarische „Volksrepublik" in den Westen. Dafür nutzten manche vorsätzlich ihren Urlaub in Ungarn, andere handelten kurzfristig vor Ort – inspiriert durch die festen Fluchtvorhaben viele ihrer Landsleute. Hinzu kam die Zuflucht von Deutschen aus der DDR in den Botschaften der Bundesrepublik in Ungarn, der Tschechoslowakei sowie in der bundesdeutschen Ständigen Vertretung in Ost-Berlin. Alle Einrichtungen mussten wegen dieses Ansturms für den Publikumsverkehr zeitweilig geschlossen werden; in Budapest versammelten sich daraufhin Flüchtige *vor* der geschlossenen Botschaft. Wie schon in früheren Fällen protestierte das DDR-Außenministerium dagegen, indem es der Bundesrepublik „grobe Einmischung in souveräne Angelegenheiten der DDR" vorwarf. Um die Lage nicht weiter zu verschärfen, appellierte die bundesdeutsche Seite an Ausreisewillige in der DDR, nicht den Weg über diplomatische Vertretungen der Bundesrepublik zu gehen. Die DDR wiederum sicherte „ihren" in der bundesdeutschen Botschaft in Budapest befindlichen Bürgern Straffreiheit zu, wenn diese in ihre Heimatorte zurückkehrten.

Mit der Entscheidung Ungarns, in der Nacht zum 11. September offiziell seine Grenze zu Österreich zu öffnen, verstärkte sich der Flüchtlingsstrom in Richtung Westen weiter. Bis Ende September wurden 25.000 Übersiedler gezählt, die auf diesem Weg in die Bundesrepublik kamen. Dadurch verschlechterte sich auch drastisch das Verhältnis zwischen den „Bruderstaaten" DDR und Ungarn. So hieß es in einer Note des DDR-Außenministeriums an die ungarische Regierung, man habe „mit Befremden" deren Entscheidung zur Kenntnis genommen, DDR-Bürgern „ohne gültige Reisedokumente die Ausreise in dritte Staaten zu ermöglichen". In propagandistisch heftiger Weise wurde der Bundesrepublik zudem ein „eiskaltes Geschäft mit DDR-Bürgern" vorgeworfen; „dieser Coup" sei „Bestandteil des Kreuzzuges des Imperialismus gegen den Sozialismus insgesamt". Besondere „Berühmtheit" erlangte eine Geschichte im SED-Zentralorgan „Neues Deutschland" (ND) am 21. September von einer angeblichen Betäubung eines Ost-Berliner Kochs der DDR-Bewirtungsgesellschaft MITROPA in Ungarn: Dieser sei gegen seinen Willen nach Wien verbracht worden, habe dort aber Kontakt mit der DDR-Botschaft aufgenommen und sei nun wieder in seine Heimat zurückgekehrt.

In der zweiten Monatshälfte spitzte sich die Situation in den bundesdeutschen Botschaften in Prag und Warschau zu. Am 19. September wurde letztere wegen „Überfüllung" geschlossen; in der Prager Botschaft erhöhte sich die Zahl der Zuflucht suchenden aus der DDR auf über 500. Viele Ausreisewillige flüchteten dorthin, da die Kontrollen an der Grenze zu Ungarn verschärft worden waren. Die zu diesem Zeitpunkt noch orthodox-kommunistische Führung in der ČSSR versuchte nämlich durch ihre Grenzsoldaten, DDR-Bürger an der geplanten Weiterreise nach Ungarn zu hindern. Wegen dieser angespannten Situation bemühten sich alle Seiten trotz gegenseitiger Vorwürfe um eine Lösung. So traf der für die Deutschlandpolitik zuständige Bundesminister im Kanzleramt, Rudolf Seiters (CDU), am 22. September den Ost-Berliner Rechtsanwalt Wolfgang Vogel – im Auftrag der DDR als Unterhändler bei „humanitären Angelegenheiten" tätig – zu einer Unterredung in Bonn. Im Ergebnis wurde jenen Ausreisewilligen, die sich in der Ständigen Vertretung in Ost-Berlin aufgehalten, diese dann aber nach Zuraten

Vogels wieder verlassen hatten, die Ausreise in die Bundesrepublik für Anfang Oktober zugesichert. Ebenso erwartete die Bundesregierung eine Lösung für die inzwischen mehreren Hundert DDR-Flüchtlinge in Warschau. Nachdem sich die Lage auf dem Gelände der Prager Botschaft noch einmal verschärft hatte, versuchten Wolfgang Vogel, die Bonner Staatssekretäre Walter Priesnitz und Jürgen Sudhoff sowie der Leiter der Ständigen Vertretung in Ost-Berlin, Franz Bertele, am 26. September die mittlerweile über 1000 Fluchtwilligen in Prag zur Rückkehr in die DDR zu bewegen. Darauf gingen trotz der Zusicherung Vogels nach baldiger Ausreisegenehmigung aber nur 200 Personen ein. Hier und wenig später in Warschau bekundeten die meisten Menschen aus der DDR ihr tiefes Misstrauen gegenüber ihrer politischen Führung und bestanden auf einer direkten Ausreise in den Westen. Nachdem die hygienischen Verhältnisse auf dem Gelände der Prager Botschaft und auch die Versorgung der Flüchtlinge immer problematischer wurden, fiel am 30. September die spektakuläre – von Erich Honecker persönlich getroffene – Entscheidung, die DDR-Bürger in Prag und Warschau noch am selben Abend in die Bundesrepublik ausreisen zu lassen. Bundesaußenminister Genscher, der gemeinsam mit Rudolf Seiters in die tschechoslowakische Hauptstadt gereist war, teilte dies den Menschen vom Balkon des Botschaftsgebäudes mit. Die Sonderzüge der Deutschen Reichsbahn fuhren über das Gebiet der DDR, wo den Flüchtlingen die Ausweispapiere abgenommen wurden. Offiziell begründete die DDR-Führung die als „Abschiebung" deklarierte Ausreiseaktion mit den unhaltbaren Zuständen in den Botschaften in der ČSSR und in Polen; der Bundesrepublik wurde in diesem Zusammenhang (einmal mehr) „völkerrechtswidrige Anmaßung" vorgeworfen. Die DDR-Nachrichtenagentur ADN kommentierte das Geschehen mit den – angeblich persönlich von Erich Honecker stammenden – Worten, die Flüchtlinge hätten „durch ihr Verhalten die moralischen Werte mit Füßen

Bundesregierung, B 145 Bild-00048987, Christian Seebode

DDR-Flüchtlinge vor Zeltunterkünften im Garten der Botschaft der Bundesrepublik Deutschland in Prag (aus einem Fenster fotografiert).

Ankunft von DDR-Flüchtlingen, die die Botschaft der Bundesrepublik in Prag besetzt hielten, auf dem Bahnhof von Ahrweiler (Rheinland-Pfalz), 6. Oktober 1989.

getreten und sich selbst aus unserer Gesellschaft ausgegrenzt. Man sollte ihnen deshalb keine Träne nachweinen."

Parallel zu der Massenflucht ostdeutscher Bürger verstärkten sich die Protestaktionen gegen die Reformunwilligkeit der SED-Führung *in* der DDR. So versammelten sich in Leipzig nach einem Friedensgebet in der Nikolaikirche am 4. September 800 Teilnehmer auf dem Vorplatz, wo Transparente gezeigt wurden und Ausreisewillige „Wir wollen raus!" skandierten. Damit etablierten sich allmählich die im weiteren Verlauf viel beachteten „Montagsdemonstrationen", welche allerdings in ihren Anfängen noch massiven staatlichen Repressalien ausgesetzt waren: Am 11. September sperrte die Polizei den Nikolaikirchhof ab und prügelte auf Demonstrationsteilnehmer ein, es kam zu 89 Verhaftungen; eine Woche später wurden 31 Demonstranten festgenommen. Diese Maßnahmen entfalteten allerdings keine abschreckende Wirkung, denn am 25. September demonstrierten in Leipzig schon mehrere Tausend Menschen nach dem Friedensgebet auf Teilen des Innenstadtrings, wobei „nur" vereinzelt Personen festgenommen wurden. Auch in anderen (südlichen) Regionen der DDR gab es Demonstrationen, allerdings mit weit geringeren Teilnehmerzahlen und weniger Breitenwirkung.

Das revolutionäre Geschehen bekam durch die Gründung oppositioneller Gruppierungen weiteren erheblichen Auftrieb. Bereits am 13. August war es erstmals zu einem DDR-weiten Treffen verschiedener Oppositionsgruppen in Berlin-Treptow gekommen; durch die Flüchtlingsbewegung sahen sich die Initiatoren noch zusätzlich zu raschem Handeln gezwungen. So gründete sich am 9. September die wohl bekannteste Oppositionsgruppierung, das „Neue Forum" (NF), in Grünheide bei Berlin, wobei 30 Mitglieder den Gründungsaufruf „Aufbruch 89 – Neues Forum" unterzeichneten, darunter die Malerin Bärbel Bohley, der Rechtsanwalt und Autor des DDR-kritischen Buches „Der vormundschaftliche Staat", Rolf Henrich, der Physiker Sebastian Pflugbeil und der an der Akademie der Wissenschaften der DDR beschäftigte Molekularbiologe Professor Jens Reich. Der Aufruf beginnt mit der Feststellung: „In unserem Lande ist die Kommunikation zwischen Staat und Gesellschaft offensichtlich gestört. Belege dafür sind die weitverbreitete Verdrossenheit bis hin zum Rückzug in die private Nische oder zur massenhaften Auswanderung"; dieses lähme die „schöpferischen Potenzen" der Gesellschaft und behindere „die Lösung der anstehenden lokalen und globalen Aufgaben." Es komme jetzt darauf an, dass „eine größere Anzahl von Menschen am gesellschaftlichen Reformprozess" mitwirke und die „vielfältigen Einzel- und Gruppenaktivitäten zu einem Gesamthandeln" fänden. Dabei plädierte das sich als „politische

Plattform" verstehende NF unter anderem für ein verbessertes Warenangebot und eine bessere Versorgung, jedoch ohne „ungehemmtes Wirtschaftswachstum"; größere Spielräume für wirtschaftliche Initiative, aber „keine Entartung in eine Ellenbogengesellschaft" sowie für „freie, selbstbewusste Menschen, die doch gemeinschaftsbewusst handeln". Eine wie auch immer geartete „sozialistische" Gesellschaftsvision findet in dem auf ein ausgearbeitetes politisches Programm verzichtenden Gründungsaufruf keine Erwähnung. Bis Ende September trugen sich etwa 4000 Personen aus der gesamten DDR und Ost-Berlin in Unterstützerlisten des Neuen Forums ein. Die Initiatoren des NF beantragten am 19. September beim Innenministerium der DDR die förmliche Zulassung, was ihnen (zunächst) mit der Begründung verwehrt wurde, dass es sich hier um eine „staatsfeindliche Organisation" handele.

Mit einem „Aufruf zur Einmischung in eigener Sache" sowie „Thesen für eine demokratische Umgestaltung in der DDR" trat die „Bürgerbewegung ‚Demokratie Jetzt'" (DJ) am 12. September an die Öffentlichkeit; zu den zwölf Unterzeichnern des Aufrufs gehörten der Physiker Hans-Jürgen Fischbek, der Dokumentarfilmregisseur Konrad Weiß, die Historikerin Ulrike Poppe und ihr Mann Gerd (zwischen 1998 und 2003 Menschenrechtsbeauftragter der Bundesregierung) sowie der Theologieprofessor Wolfgang Ullmann. Der Gründungsaufruf stellt fest „Unser Land lebt in innerem Unfrieden" und setzt sich für ein „Bündnis von Christen und kritischen Marxisten" ein, um eine „solidarische Gesellschaft" herzustellen; dieses bedeute (unter anderem) soziale Gerechtigkeit, Freiheit und Menschenwürde, lebendiger Pluralismus, Ökonomie und Ökologie im Einklang miteinander sowie „Lebenserfüllung in Gemeinschaftlichkeit und schöpferischem Tun". In den Thesen wird die Weiterführung der „sozialistischen Revolution, die in der Verstaatlichung steckengeblieben" sei, befürwortet; Ziel sei ein auf dem „Grundkonsens der Gesellschaft" gegründeter und ihr gegenüber rechenschaftspflichtiger Staat. DJ war in ihrer Kritik am „realen Sozialismus" und in der Formulierung reformerischer Vorstellungen recht präzise, wobei man „soziale Errungenschaften" (in der DDR) durch einen Reformprozess nicht in Frage gestellt wissen wollte. Zudem wurden die Deutschen in der Bundesrepublik dazu ermuntert, ebenfalls auf „eine Umgestaltung ihrer Gesellschaft hinzuwirken", die dann auch eine Einheit des deutschen Volkes „in der Hausgemeinschaft der europäischen Völker" ermögliche.

Schließlich trat Anfang September in Böhlen (Thüringen) noch eine „Vereinigte Linke" (VL) mit einem von „Vertretern

ullstein bild 00216002

SED-Generalsekretär Egon Krenz bei einem Treffen mit Mitgliedern der Konferenz der Evangelischen Kirchenleitungen in der DDR im Jagdschloss Hubertusstock, v.l.n.r.: Konsistorialpräsident Manfred Stolpe, Landesbischof Dr. Werner Leich, Oberkirchenrat Martin Ziegler, SED-Politbüromitglied Werner Jarowinsky und Bischof Dr. Christof Demke. – 19. Oktober 1989 verschiedener sozialistischer Tendenzen in der DDR" formulierten Appell und einer „Böhlener Plattform" an die Öffentlichkeit, wobei ihre Arbeit zunächst konspirativen Charakter trug. Die Initiatoren der Plattform waren Personen aus „alternativen" und „autonomen" Zusammenhängen, wozu die Umweltbibliothek in Ost-Berlin, der Friedrichsfelder Friedenskreis sowie die Bewegung „Kirche von unten" gehörten. Die VL vertrat dezidiert links-sozialistische Positionen, was vor allem auch Kritik an reformsozialistischen Ansätzen in Polen und Ungarn zu dieser Zeit einschloss: Solcherart Veränderungen würden die Existenzberechtigung des zweiten deutschen Staates in Frage stellen. In dem Appell ist von einer „sich verschärfenden politischen Krise in unserem Land" die Rede, weshalb man sich „an alle politischen Kräfte in der DDR" (ausdrücklich auch unter Einschluss von Mitgliedern der SED) wende, die „für einen demokratischen und freiheitlichen Sozialismus" einträten. Zwar seien die äußeren Bedingungen für eine radikale Erneuerung (auf sozialistischer Basis) „kompliziert genug", doch wurden die „Linken in unserem Land" dazu ermuntert, „die treibende Kraft einer ‚Koalition der Vernunft' zu sein, welche sich auf die Vielfalt aller sich zum Sozialismus bekennenden politischen und sozialen Kräfte in der DDR stützt". Zu den „Mindestanforderungen für die Gestaltung einer freien sozialistischen Gesellschaft" zählte die VL unter anderem die „Sicherung individueller und kollektiver Freiheitsrechte", Rechtsstaatlichkeit, Gewaltenteilung sowie starke basisdemokratische Verankerung staatlicher Gewalt.

In einem Schreiben der Konferenz der Evangelischen Kirchenleitungen (KEK) an Erich Honecker vom 2. September wurden die Besorgnis über den allgemeinen gesellschaftlichen Zustand zum Ausdruck gebracht und unmissverständlich Reformen zum Stopp des Massenexodus angemahnt. Auf der Synodaltagung der Evangelischen Kirche vom 15. bis 19. September in Eisenach verlangte der Vorsitzende des Evangelischen Kirchenbundes, Werner Leich, „deutliche Zeichen dafür, dass die notwendigen Veränderungen begonnen werden." In einem von der Synode verabschiedeten Beschluss wurden konkrete Probleme aufgezählt und Maßnahmen im Sinne von mehr Offenheit und Pluralismus benannt. Zudem wurde dort ein „Brief aus Weimar" von vier Mitgliedern der (bis dahin noch) SED-hörigen DDR-„Blockpartei" CDU bekannt, in dem diese in 28 Punkten ebenfalls bestehende Probleme skizzierten und Vorschläge für einen Weg aus der Krise aufzeigten; ihre Partei riefen sie auf, einen eigenen Beitrag dazu zu leisten. Als erste der vier Blockparteien in der DDR wagte die Liberal-Demokratische Partei Deutschlands (LDPD) „offizielle" Absetzbewegungen vom bisherigen dogmatischen Kurs. Auf einer Veranstaltung seiner Partei zum 40. Jahrestag der DDR am 19. September gestand der LDPD-Vorsitzende Manfred Gerlach ein, dass „auch Mitglieder der LDPD das Land verlassen" würden, weil sie resignierten. Die DDR brauche aber „Fragende, Ungeduldige, Neugierige"; sie brauche jeden, der sich „an der ‚Normalität'" reibe und damit helfe, „Neues zu entdecken und durchzusetzen".

Abgesehen von einzelnen Repressionsmaßnahmen ihrer Sicherheitsorgane sowie propagandistischen Drohgebärden und Rechtfertigungen verhielt sich die Staats- und Parteiführung in dieser Zeit eher defensiv, was mit der starken Verunsicherung darüber zu erklären ist, wie sie mit dieser seit dem Mauerbau schwersten Krise umgehen solle; zudem war der SED-Generalsekretär Honecker aus Krankheitsgründen zeitweise abwesend. Auch war das Führungspersonal intensiv mit den Vorbereitungen der Feierlichkeiten zum 40. Jahrestag am 7. Oktober beschäftigt – im Zusammenhang mit diesem Datum wollte man möglichst nicht durch (zusätzliche) Negativereignisse international auffallen. Am 5. September veröffentlichte das „Neue Deutschland" den Vorabdruck eines Beitrages von Erich Honecker für die SED-Theoriezeitschrift „Einheit", in der dieser die DDR als einen Staat „mit einem funktionierenden, effektiven sozialistischen Gesellschaftssystem, das sich mit den von ihm verwirklichten

Menschenrechten auch an den Herausforderungen der neunziger Jahre bewähren wird", kennzeichnet. Solche der politischen Realität krass entgegenstehenden Äußerungen waren dazu angetan, den Vertrauensverlust der Bevölkerung gegenüber ihrer Führung noch weiter zu vertiefen.

Oktober 1989: Massendemonstrationen und „Wende"

Als vierte Oppositionsbewegung formierte sich am 2. Oktober der „Demokratische Aufbruch – sozial, ökologisch" (DA), welcher sich später in eine Partei umwandelte. Zu den 60 Gründungsmitgliedern gehörten die evangelischen Pastoren Edelbert Richter, Friedrich Schorlemmer (der später zur Sozialdemokratischen Partei wechselte), Rainer Eppelmann, Wolfgang Schnur (später DA-Vorsitzender, dann aber als Inoffizieller Mitarbeiter des DDR-Staatssicherheitsdienstes enttarnt) sowie der Soziologe Ehrhart Neubert. Die in einer „Programmatischen Erklärung" formulierten Positionsbestimmungen zielten insgesamt auf einen „dritten Weg" eines zwischen Kapitalismus und (Real-) Sozialismus angesiedelten Gesellschaftsmodells. So heißt es in einem „Das Zusammenspiel von Plan und Markt" überschriebenen Kapitel, die „Planung der Wirtschaft" stecke „einen allgemeinen Rahmen" für wirtschaftliches Handeln ab und sorge „für den Abbau künstlicher Hindernisse". Die Satzung des DA setzte ausdrücklich auf die Vereinigung von Menschen „sozialistischer, sozialdemokratischer, sozialistisch-kritischer, liberaler und ökologischer Prägung", die an einer „demokratischen Umgestaltung der DDR" mitwirken möchten, wobei die kritische Haltung zu „vielen Erscheinungen des realexistierenden Sozialismus" keine Absage an die „Vision einer sozialistischen Gesellschaftsordnung" bedeute. Zu den Forderungen gehörten unter anderem die „Entwicklung einer freien Öffentlichkeit", „freie Willensbildung" und der „öffentliche Ausdruck des Willens mit politischen Mitteln". Später nahm der Demokratische Aufbruch Abstand von sozialistischem Ideengut und wurde Bestandteil des Wahlbündnisses „Allianz für Deutschland". Während dieser Zeit profilierte sich auch die spätere Bundeskanzlerin Angela Merkel innerhalb dieser Gruppierung. Am 4. August 1990 fusionierte der DA mit der DDR-CDU.

Die (Wieder-) Gründung der „Sozialdemokratischen Partei" (SDP) am 7. Oktober in Schwante bei Potsdam bedeutete insofern eine Besonderheit, als die Staatspartei SED 1946 aus der Zwangsvereinigung von KPD und SPD entstanden war. Schon im Juli wollte eine Initiativgruppe eine sozialdemokratische Partei ins Leben rufen, was dann aber erst – symbolhaft – am Tag des vierzigjährigen Bestehens der DDR geschah. Maßgeblich beteiligt waren die Pastoren Helmut Becker, Martin Gutzeit, Arndt Noack und Markus Meckel (der spätere und letzte Außenminister der DDR) gemeinsam mit dem Historiker und Germanisten Ibrahim Böhme (der mit der Parteigründung zum Geschäftsführer und später zum Vorsitzenden der dann schon in SPD umbenannten Partei gewählt wurde, danach allerdings zurücktrat, weil er als Inoffizieller Mitarbeiter der Stasi enttarnt wurde). Das Gründungstreffen verlief aus Sicherheitsgründen konspirativ; gleichzeitig mit ihrer Formierung wählte die SDP einen elfköpfigen Vorstand und verabschiedete einen Gründungsaufruf sowie ein (mit einem Anhang versehenes) Statut, welches bereits recht deutlich werden ließ, welche politische Stellung die Partei in der DDR einzunehmen gedachte. Zu ihren Grundsätzen zählte die SDP die Verpflichtung auf die Traditionen von „Demokratie, sozialer Gerechtigkeit sowie der Verantwortung für die Bewahrung der natürlichen Umwelt"; sogleich stehe die SDP „den Traditionen des demokratischen Sozialismus der europäischen Sozialisten und Sozialdemokraten nahe". „Entschieden" abgelehnt wurde totalitäres politisches Denken und Handeln; „in Zusammenarbeit und gleichberechtigtem Wettstreit mit anderen demokratischen Kräften" bemühe man sich um „die Entmonopolisierung, Demokratisierung und Teilung der Macht in Staat und Gesellschaft mit dem Ziel des Aufbaus einer ökologisch orientierten sozialen Demokratie". Mit ihrem Bekenntnis zu innerparteilicher Demokratie setzte die SDP auch einen Kontrapunkt zu dem (undemokratischen) Organisationsprinzip des „demokratischen Zentralismus" der SED. Damit ging sogleich ein Strukturaufbau der Partei einher, der unter anderem durch die geheime Wahl aller Leitungsebenen die Mitbestimmung der Parteibasis garantierte.

Am 4. Oktober traten Mitglieder der bis dahin entstandenen Bürgerbewegungen sowie weiterer (kirchlicher) Basisgruppen in Berlin mit einer „Gemeinsamen Erklärung" an die Öffentlichkeit und begrüßten die sich „entwickelnde Vielfalt der Initiativen als Zeichen des Aufbruchs und des wachsenden Mutes, eigene politische Positionen öffentlich zu vertreten." Die Bürger in der DDR sollten ihre politischen Rechte so ausüben können, wie es die Menschenrechtskonventionen der Vereinten Nationen und die Dokumente der Konferenz über Sicherheit und Zusammenarbeit in Europa (KSZE) von 1976 verlangten. Sodann forderten die Unterzeichner „die Freilassung der Inhaftierten, die Aufhebung ergangener Urteile und die Einstellung laufender Ermittlungsverfahren" sowie freie und geheime Wahlen in der DDR unter UNO-Kontrolle.

Sowohl die Fluchtbewegungen aus wie die Massendemonstrationen in der DDR hielten auch wenige Tage vor den offiziellen Feierlichkeiten zu ihrem vierzigsten Jahrestag an. Anfang Oktober befanden sich wiederum Tausende bzw. Hunderte Fluchtwillige in den Botschaften der Bundesrepublik in Prag und in Warschau, wobei ihnen ebenfalls die Ausreise mit Reichsbahn-Sonderzügen über DDR-Gebiet nach Westdeutschland ermöglicht wurde. Bei der Massenausreise aus Prag kam es am 4. Oktober zu Verzögerungen, weil Gleise und Bahnhöfe in der DDR von Menschen geräumt wurden, die auf die (verriegelten) Züge aufspringen wollten. Zusätzlich kam es vor dem Hauptbahnhof in Dresden zu gewalttätigen

Auseinandersetzungen zwischen mehr als 3000 Personen und Sicherheitskräften. Am 3. Oktober wurde (für den weiteren Verlauf des Monats) der visafreie Reiseverkehr zwischen der DDR und der ČSSR mit der Begründung ausgesetzt, „bestimmte Kreise in der BRD bereiteten weitere Provokationen zum 40. Jahrestag der DDR" vor. In Leipzig und Dresden demonstrierten in diesen Tagen abermals mehrere Tausend Menschen, wobei die Protesthandlungen von Auseinandersetzungen und Festnahmen begleitet wurden. Aber auch an anderen Orten kam es zu Demonstrationen, Fürbitt- und Friedensandachten und erstmals auch zu Arbeitsniederlegungen.

Die Feierlichkeiten zum „runden Geburtstag" der DDR begannen bereits am 6. Oktober mit einer Festveranstaltung im Ost-Berliner Palast der Republik, bei der Erich Honecker

ullstein bild 00868868

7. Oktober 1989: SED-Generalsekretär und Staatsratsvorsitzender Erich Honecker (2. v.r. vorn) steht salutierend auf der Tribüne bei der Parade zum 40. Jahrestag der DDR-Gründung, links neben ihm der Staatschef der Sowjetunion, KPdSU-Generalsekretär Michail Gorbatschow.

die Bedeutung der DDR als „Vorposten des Friedens und des Sozialismus in Europa" pries. 40 Jahre DDR bedeuteten 40 Jahre „heroische Arbeit, 40 Jahre erfolgreicher Kampf für den Aufstieg unserer sozialistischen Republik." Die Freie Deutsche Jugend (FDJ), einzige Jugendorganisation in der DDR und „Kaderreserve" der Einheitspartei, organisierte in der „Hauptstadt" einen Fackelzug, an dem 100.000 junge Menschen teilnahmen. Zu den Feierlichkeiten waren 4000 Gäste aus der DDR und 70 ausländische Delegationen geladen, unter ihnen die Partei- und Staatschefs der anderen Warschauer-Pakt-Länder mit Michail Gorbatschow an der Spitze. Angesichts seiner mit den Begriffen „Glasnost" und „Perestroika" verbundenen Politik verbanden gerade auch die Befürworter von Reformen in der DDR mit diesem Besuch

ullstein bild 00388787

7. Oktober 1989: Militärparade auf der Karl-Marx-Allee in Ost-Berlin. Dahinter die politische Führung der DDR und Ehrengäste.

hohe Erwartungen. Mögliche Hoffnungen Honeckers, die Anwesenheit Gorbatschows könnte das Image der DDR und seiner dogmatischen politischen Führung noch einmal aufpolieren, erwiesen sich jedenfalls schon während der Festlichkeiten als völlig unrealistisch. So äußerte der KPdSU-Generalsekretär in einer Ansprache die Erwartung, dass „die SED mit allen gesellschaftlichen Kräften politische Antworten auf die Fragen findet, die auf die Tagesordnung gesetzt worden sind und die die Bürger bewegen." Auf einem Empfang des Politbüros der SED im Gästehaus der Regierung in Berlin-Niederschönhausen rief Gorbatschow dazu auf, „den Zeitpunkt nicht zu verpassen und keine Chance zu vertun" und formulierte den danach vielzitierten Satz: „Wenn wir zurückbleiben, bestraft uns das Leben sofort." An diesem für die SED/DDR-Führung so wichtigen Tag demonstrierten Zehntausende in Ost-Berlin und in anderen Städten wie Leipzig, Dresden, Karl-Marx-Stadt, Plauen, Jena, Magdeburg und Potsdam ausdrücklich für Meinungsfreiheit und Reformen. Die DDR-Nachrichtenagentur ADN sprach von „Randalierern", die sich „im Zusammenspiel mit westlichen Medien" zusammengerottet und republikfeindliche Parolen gerufen hätten; die „Rädelsführer" seien festgenommen worden. Tatsächlich entsprach das an diesem Tag besonders harte Vorgehen der Sicherheitskräfte der internen Vorgabe von DDR-Staatssicherheitsminister Erich Mielke, „feindlich-negative Aktivitäten" während der Feierlichkeiten mit allen Mitteln entschlossen zu unterbinden: „Keine Überraschungen zulassen! Dem Gegner keine Möglichkeit geben."

In den Tagen nach den pompösen und der wirklichen Stimmung im Land diametral entgegengesetzten Festlichkeiten steigerte sich das Demonstrationsgeschehen noch. Täglich artikulierten wieder Tausende in nahezu allen Regionen der DDR ihren Unmut über die verkrusteten Verhältnisse im ostdeutschen „Arbeiter- und Bauernstaat". Auf der schon traditionellen „Montagsdemonstration" in Leipzig versammelten sich am 9. Oktober rund 70.000 Demonstrationsteilnehmer

4. November 1989: Demonstration auf dem Alexanderplatz für
Meinungs-, Presse- und Versammlungsfreiheit.

erstmals über den gesamten Innenstadtring mit der immer drängender ausgerufenen Parole „Wir sind das Volk"; am 16. Oktober demonstrierten dort bereits 120.000 Menschen für Reformen und eine „demokratische Erneuerung der DDR".

Am 9. Oktober griffen erstmals keine Sicherheitskräfte mehr ein – zuvor hatten bereits drei Sekretäre der SED-Bezirksleitung Leipzig gemeinsam mit dem Gewandhaus-Kapellmeister Kurt Masur, dem Pfarrer Peter Zimmermann und dem Kabarettisten Bernd-Lutz Lange einen Aufruf unterzeichnet, in dem es hieß: „Wir alle brauchen einen freien Meinungsaustausch über die Weiterführung des Sozialismus in unserem Lande. Deshalb versprechen die Genannten heute allen Bürgern, dass dieser Dialog nicht nur im Bezirk Leipzig, sondern auch mit unserer Regierung geführt wird"; der Aufruf durfte nicht nur in den Kirchen vorgetragen, sondern auch über Rundfunk verbreitet werden. Dieses von der SED ausgegebene Signal zum Dialog kam überraschend, hatte man allgemein gerade für die erste Montagsdemonstration unmittelbar nach den Jubiläumsfeierlichkeiten sogar mit dem Schlimmsten gerechnet. Derartige Befürchtungen wurden auch durch bedrohliche Anzeichen genährt: Im Vorfeld hatten Militärfahrzeuge am Stadtrand Leipzigs Aufstellung genommen und die örtlichen Krankenhäuser Betten geräumt sowie Blutplasma bereit gestellt; zudem wurden die zuständigen Ärzte in erhöhte Bereitschaft versetzt und waren gehalten, sich auf Schussverletzungen einzustellen. Ganz offenbar waren die Sicherheitsorgane aber auf eine so hohe Zahl von Demonstrierenden nicht eingerichtet und sahen daher von einer Konfrontation ab. Auch in Dresden suchte die SED-Führung an diesem Tag den Dialog: So empfing Oberbürgermeister Wolfgang Berghofer 20 Personen, die tags zuvor von den Demonstrationsteilnehmern zu ihren Sprechern bestimmt wurden. In einem Neun-Punkte-Programm forderten diese unter anderem die Klärung des gewaltsamen Vorgehens von Sicherheitskräften gegen Demonstranten am Vortag, die Gewährung von Meinungs-,

Demonstrations- und Reisefreiheit, freie Wahlen sowie die Zulassung des „Neuen Forums". Berghofer sagte zu, die Forderungen prüfen und gegebenenfalls auch an höhere Stellen weiterleiten zu wollen; bereits am nächsten Tag wurden 500 inhaftierte Demonstranten in Dresden freigelassen. Die als „Gruppe der 20" in die Geschichte des Revolutionsherbstes eingegangenen Vertreter der Protestierenden dienten im Weiteren auch als Modell für die Lösung von Konflikten zwischen der Staatsmacht und der Bevölkerung auf kommunaler Ebene; aus diesen Gruppen gingen zudem Kommunalpolitiker hervor, die das Geschehen in der DDR später auch „offiziell" maßgeblich mitgestalteten.

Am 11. Oktober wagte das Politbüro mit seiner Erklärung „Zur Lage in der DDR nach dem 40. Jahrestag" einen vorsichtigen, aber letztlich untauglichen Schritt, der massiven

ullstein bild 00177086

16. Oktober 1989: „Montagsdemonstration" auf dem Karl-Marx-Platz in Leipzig mit 120.000 Teilnehmern für Reformen in der DDR.

Unzufriedenheit innerhalb der Bevölkerung entgegenzutreten. So äußerte die Parteiführung zur Massenflucht von DDR-Bürgern: „Die Ursachen für ihren Schritt mögen vielfältig sein. Wir müssen und werden sie auch bei uns suchen, jeder an seinem Platz, wir alle gemeinsam." Dabei wurden alle Bürger aufgerufen, „Gedanken und Vorschläge einzubringen, wie wir den Sozialismus in unserer Republik in den 90er Jahren weiter voranbringen." Dabei gehe es (unter anderem) um „demokratisches Miteinander", gute Warenangebote und leistungsgerechte Bezahlung, „lebensverbundene Medien", Reisemöglichkeiten und eine gesunde Umwelt. Das Politbüro stelle sich der Diskussion, denn: „Wir haben alle erforderlichen Formen und Foren der sozialistischen Demokratie." Diesem von höchster Stelle formulierten Willen zur Veränderung schlossen sich in den nächsten Tagen Vertreter von SED-Bezirksleitungen und Massenorganisationen an. Mit ihrer Forderung nach „generellen Reisemöglichkeiten und neuen gesetzlichen Regelungen zur Entlassung aus der Staatsbürgerschaft" ging die Blockpartei LDPD dabei am weitesten. Vertreter der (beiden) Kirchen nahmen in dieser Zeit häufig eine vermittelnde Position ein, die sich vor allem in mahnenden Appellen und Aufrufen zur Besonnenheit gegenüber allen Seiten ausdrückte. Damit trugen gerade sie dazu bei, dass der Revolutionsprozess einen insgesamt friedlichen Verlauf nahm.

Eine deutliche Zäsur für die führende Staatspartei, die den Beginn ihres kontinuierlichen und rapiden Machtverfalls markierte, bedeutete der (unfreiwillige) Rücktritt Honeckers auf der 9. Tagung des ZK der SED am 18. Oktober. Der 18 Jahre lang amtierende SED-Generalsekretär wurde (formal) „aus gesundheitlichen Gründen" und mit „herzlichem Dank für sein politisches Lebenswerk" von seinen Funktionen in Partei und Staat entbunden. Gleichzeitig wurden auch die Politbüromitglieder und Sekretäre des ZK, Joachim Herrmann (zuständig für Agitation und Propaganda) und Günter Mittag (Wirtschaft) aus ihren Funktionen entlassen. An Stelle von

Honecker wurde Egon Krenz „einmütig" zum neuen Generalsekretär berufen; dieser hielt eine im altbekannten Stil vorgetragene Rede, die darauf ausgerichtet war, möglichst allumfassend Macht zu bewahren und den schwindenden Einfluss der Partei zu begrenzen. Sein unter das Leitmotiv „Kontinuität und Erneuerung" gestelltes, auf der ZK-Tagung vorgetragenes Referat verlas Krenz gleichfalls am Abend im Fernsehen und im Rundfunk der DDR; es eignete sich allerdings nicht dazu, das massiv verloren gegangene Vertrauen bei den Bürgern zurückzugewinnen. Wie eingangs erwähnt, prägte der neue SED-Chef hier auch den dann in die Umgangssprache eingegangenen Begriff „Wende", wobei dieser auf die Rolle der Partei als „treibende Kraft" in dem nun beginnenden (vorsichtigen) Reformprozess in der DDR gemünzt war. Nach dem Verständnis der neu-alten SED-Führung fußte das Dialogangebot auf dem Ziel, „den Sozialismus in der DDR weiter auszubauen, die sozialistischen Ideale hochzuhalten und keine unserer gemeinsamen Errungenschaften preiszugeben"; auch gab Krenz zu verstehen: „Unsere sozialistische deutsche Republik ist und bleibt ein souveränes Land". Auf der Sitzung der Volkskammer, dem (Schein-) Parlament der DDR, wurde er am 24. Oktober dann auch zum Vorsitzenden des Staatsrates und des Nationalen Verteidigungsrates gewählt – allerdings mit etlichen Gegenstimmen, was ein Novum seit dem Bestehen dieser Staatsorgane darstellte. In seiner Rede wurde Krenz mit seinen Reformankündigungen etwas deutlicher, indem er einen neuen Arbeitsstil in Volkskammer und Staatsrat in Aussicht stellte sowie mögliche Änderungen der Wahlgesetzgebung andeutete. Ferner kündigte er die Fortsetzung des gesellschaftlichen Dialogs an und appellierte an „unsere Mitbürger", die DDR nicht zu verlassen. Aus der Tatsache, dass das Politbüro sich nur zwei Tage nach dieser Volkskammer-Sitzung zur Einberufung einer weiteren Tagung des Zentralkomitees der SED veranlasst sah, war aber zu schließen, dass selbst die Parteibasis mit dem Personenwechsel und vagen Ankündigungen nicht mehr zu beruhigen war.

Am Abend des 24. Oktober demonstrierten dann auch 12.000 Personen in Ost-Berlin gegen die Wahl von Krenz. Überhaupt waren die Menschen in ihrem Demonstrationsverhalten im Laufe des Monats immer mutiger geworden, was sich nicht nur in der stetig wachsenden Anzahl der Teilnehmer zeigte. Nach der friedlich verlaufenen Demonstration am 9. Oktober in Leipzig schwand allmählich die Angst vor Konfrontationen mit den Sicherheitskräften und man begnügte sich nicht nur mit Sprechchören, sondern führte immer häufiger auch Transparente mit sich. Ab Mitte Oktober wurden diese noch zahlreicher, wobei der ernsthafte Charakter der Forderungen mit bisweilen originellen und phantasievollen

Bundesarchiv, Bild 183-1989-1024-025, Rainer Mittelstädt

24. Oktober 1989: Die Volkskammer der DDR bei ihrer 10. Tagung, auf der SED-Generalsekretär Egon Krenz auch zum Vorsitzenden des Staatsrates und des Nationalen Verteidigungsrates der DDR gewählt wurde.

Formulierungen einherging. Dabei reagierten die Demonstrierenden oftmals auch spontan auf neue tagespolitische Ereignisse. Trotz aller zur Schau gestellten Dialogbereitschaft seitens der SED-Funktionäre auf der zentralen und der bezirklichen Ebene und teilweise weitergehender Ansätze bei Massenorganisationen, Blockparteien und anderen staatlichen Organisationen gab es zu Recht auch die Sorge, dass die reformerischen Ansätze jederzeit wieder revidiert werden könnten. So stellte das „Neue Deutschland" am 28. Oktober in einem Kommentar die (rhetorische) Frage: „Sind die stundenlangen Demonstrationen und das Gebrüll die Umstände, unter denen man den Dialog führen kann?" Die Gesellschaft werde durch Demonstrationen „zusätzlich unter Spannungen gesetzt"; das SED-Parteiorgan warnte dann auch vor einem „harten Kern", vor „Anstiftern, Aufwieglern oder gar Gewalttätern". Aus diesen Zeilen sprach noch der Hochmut von (publizistischen) Vertretern einer unumschränkt herrschenden, mit ganzer Machtfülle ausgestatteten Diktaturpartei.

November 1989: Grenzöffnung und wachsender Druck zur politischen Umgestaltung

Am 4. November erlebte Ost-Berlin mit 500.000 Teilnehmenden die größte, nicht von der SED veranstaltete, Demonstration in der Nachkriegsgeschichte. Anders als bei den bisherigen, eher spontan entstandenen Protestkundgebungen wurde diese von Künstlerverbänden – Theaterschauspieler, Bildende Künstler, Filmschaffende – initiierte und vom DDR-Fernsehen live übertragene Veranstaltung am 16. Oktober bei der zuständigen Stelle der Volkspolizei offiziell zur Genehmigung angemeldet. Auch wählten die Organisatoren ein Motto, das sich auf die verfassungsmäßig garantierte Einhaltung der Meinungs-, Presse- und Versammlungsfreiheit bezog. Zu den 26 Sprechern der abschließenden Kundgebung auf dem Alexanderplatz gehörten die Schauspieler

23. Oktober 1989: Teilnehmer der „Montagsdemonstration" vor der Karl-Marx-Universität in Leipzig. Immer mehr Menschen in der DDR fühlen sich veranlasst, auf die Straße zu gehen und gegen die Politik der SED zu protestieren.

Ulrich Mühe, Jan Josef Liefers und Steffi Spira, die Schriftsteller Stefan Heym, Christoph Hein und Christa Wolf, der Rechtsanwalt Gregor Gysi, der ehemalige – bis 1986 in dieser Funktion amtierende – stellvertretende Minister für Staatssicherheit, Markus Wolf, und der 1. Sekretär der SED-Bezirksleitung Berlin, Politbüro-Mitglied Günter Schabowski. Die Kundgebung gab erstmals auch Repräsentanten der Bürgerbewegungen – unter ihnen Jens Reich und Friedrich Schorlemmer – Raum für öffentliche Äußerungen vor einem Massenpublikum. Zuvor schon hatte sich das Neue Forum, dessen Anmeldung als Vereinigung durch das DDR-Innenministerium wenige Tage später bestätigt wurde, mit der Demonstration

Bundesarchiv, Bild 183-1989-1104-002, Hubert Link

4. November 1989 in Ost-Berlin: Zehntausende beteiligten sich an der Demonstration, zu der Berliner Kunst- und Kulturschaffende eingeladen hatten. Hunderte einfallsreich gestaltete Plakate und Transparente gaben teils mit Spott, teils mit tiefem Ernst den Forderungen nach Demokratie und Reformen unmissverständlich Ausdruck.

solidarisiert und seine Anhänger dazu ermuntert, an ihr „phantasievoll und gewaltfrei" teilzunehmen sowie ihre Forderungen zu unterstützen. Stefan Heym sprach die in das historische Bewusstsein eingegangenen Worte: „Es ist, als habe einer die Fenster aufgestoßen nach all den Jahren der Stagnation, der geistigen, wirtschaftlichen, politischen, den Jahren von Dumpfheit und Mief und bürokratischer Willkür, von amtlicher Blindheit und Taubheit. Welche Wandlung! (...)". Christa Wolf bekannte sich zu der Möglichkeit eines reformierbaren Sozialismus: „Ja, die Sprache springt aus dem Ämter- und Zeitungsdeutsch heraus, in das sie eingewickelt war, und erinnert sich ihrer Gefühlswörter. Eines davon ist: Traum. Also träumen wir mit hellwacher Vernunft: Stell dir vor, es ist Sozialismus und keiner geht weg! (...)". Markus Wolf bekannte: „Trotz zunehmend mahnender Stimmen in unseren eigenen Reihen konnten wir nicht verhindern, dass unsere Führung bis zum 7. Oktober in einer Scheinwelt lebte und selbst dann noch versagte, als die Menschen anfingen, mit den Füßen abzustimmen. (...)". Nur durch „Überzeugung und harte, sehr harte Arbeit" könne „die ganze Partei ihre Rolle in der neuen Etappe unserer gesellschaftlichen Entwicklung spielen". Sowohl Wolf als auch Günter Schabowski fanden als jahrelange Überzeugungstäter allerdings bei der Masse kein Gehör, vielmehr wurden ihre Reden von anhaltenden Pfiffen begleitet. Die Eindringlichkeit und gleichzeitige Originalität der Transparentlosungen waren gerade an diesem 4. November vielfach zu besichtigen: Bezugnehmend

Bundesarchiv, Bild 183-1989-1104-014, Ralf Hirschberger

Ost-Berlin: Wände des Hauses der Volkskammer wurden mit auf Tapeten geschriebenen Losungen beklebt.

auf die Flucht vieler DDR-Bürger war zu lesen: „Eure Politik ist zum Davonlaufen", das Thema der (nicht vorhandenen) Reisefreiheit wurde mit der Losung „Visafrei von Rostock nach Shanghai!" auf den Punkt gebracht und über die bisherigen offiziellen Gepflogenheiten am „Kampftag der Arbeiterklasse" in der DDR hieß es: „Mein Vorschlag für den 1. Mai: Die Führung zieht am Volk vorbei". Dabei zielten zahlreiche Losungen insbesondere auf den amtierenden Staats- und Parteichef Krenz („Macht die Volkskammer zum Krenz-Kontrollpunkt", „Erst Taten, Egon, dann lächeln").

Im Vorfeld der machtvollen Demonstration hatte es bereits Anzeichen für weitergehende Veränderungen in Staat und Gesellschaft gegeben: Bei einem Treffen in Moskau mit Michail Gorbatschow am 1. November nannte Krenz die „Politik des neuen Denkens und der Perestroika" eine „Quelle ständiger Anregungen für die Beschleunigung des gesellschaftlichen Fortschritts". Das DDR-Fernsehen gestand „mit tiefer Betroffenheit" Mitverantwortung für die „Krisensituation" ein und bat die Bevölkerung um Entschuldigung; es gelte jetzt, „den öffentlichen Dialog auf dem Bildschirm zu führen". Der Ministerrat (die Regierung) der DDR kündigte die jährliche Vorlage eines „Umweltberichtes" an – bis dahin unterlagen Umweltdaten in der DDR weitgehender Geheimhaltung. Bei zahlreichen öffentlichen Podiumsdiskussionen, auch in Anwesenheit der Verantwortlichen in den Kreisen und Bezirken, wurden Fehler und Versäumnisse der politischen Führung konstatiert und massive Veränderungen angemahnt bzw. in Aussicht gestellt. Parallel dazu traten hochrangige Vertreter der SED, von Blockparteien und Massenorganisationen von ihren Funktionen zurück: der Vorsitzende des Freien Deutschen Gewerkschaftsbundes (FDGB), Harry Tisch, der CDU-Vorsitzende Gerald Götting, der NDPD-Vorsitzende Heinrich Homann sowie die Volksbildungsministerin Margot Honecker jeweils am 2. November; prominente Politbüro-Mitglieder wie Erich Mielke, Kurt Hager und Hermann Axen folgten am 3. November. Auch die Rücktritte der

1. Sekretäre der SED-Bezirksleitungen mehrten sich. Auf der vom 8. bis 10. November stattfindenden 10. Tagung des Zentralkomitees der SED trat dann das Politbüro geschlossen zurück, während Egon Krenz als Generalsekretär einstimmig bestätigt wurde. Dem neuen – stark verkleinerten – Politbüro gehörte auch der damals noch als (vorsichtiger) Reformer geltende 1. Sekretär der SED-Bezirksleitung Dresden (und spätere DDR-Ministerpräsident), Hans Modrow, an. Gemessen an den Verleugnungen und Beschönigungen, welche die SED-Spitze noch kurz zuvor in Umlauf gesetzt hatte, war der Bericht von Krenz durchaus als schonungslose Darstellung der damaligen Krisensituation anzusehen. Der Führung um Honecker warf er unter anderem falsche Lagebeurteilungen,

ullstein bild 00326597

Ost-Berlin, 4. November 1989: über 500.000 Bürger beteiligten sich an einer Demonstration für den Inhalt der Artikel 27 und 28 der Verfassung der DDR. Blick auf die Menschenmenge während der Abschlusskundgebung auf dem Alexanderplatz.

Unterdrückung bzw. Verdächtigung von Alternativvorschlägen, politische Arroganz sowie die Verbreitung eines nicht den Realitäten entsprechenden Bildes in der Bevölkerung vor. Krenz legte die Umstände dar, die zum Sturz Honeckers geführt hatten und kritisierte insbesondere Günter Mittag, der Honecker während seiner Krankheit vertreten hatte und politisch untätig geblieben sei. Ein schließlich vom ZK der SED verabschiedetes „Aktionsprogramm" beinhaltete dann auch die Ankündigung innerparteilicher Reformen, die vor allem der Parteibasis mehr Rechte einräumen sollten; ferner erklärte man sich zum Verzicht auf das bisher von der SED beanspruchte Wahrheitsmonopol bereit, allerdings bei gleichzeitiger Beibehaltung des Marxismus-Leninismus als Weltanschauung. Zu den in Aussicht gestellten Neuerungen in der DDR gehörten freie und geheime Wahlen, ein Gesetz für Versammlungs- und Vereinigungsfreiheit, Pressefreiheit sowie eine Wirtschaftsreform. Erstmals versammelten sich während der Tagung auch mehrere Tausend SED-Mitglieder vor dem ZK-Gebäude am Werderschen Markt, um ihren Forderungen nach Erneuerung der Partei Ausdruck zu verleihen.

Der zweite Tag des ZK-Plenums, der 9. November, erlangte dann durch den Verlauf einer Pressekonferenz mit Günter Schabowski, zur damaligen Zeit Sekretär des ZK der SED für Informationswesen und Medienpolitik, eine historische Dimension. Dieser gab – von Fernsehen und Rundfunk live übertragen – einen Beschluss des DDR-Ministerrates bekannt, der es jedem Bürger ermögliche, „ohne Vorliegen von Voraussetzungen" über die Grenzstationen „zur BRD bzw. zu Berlin-West" zu reisen. Die Genehmigungen würden kurzfristig erteilt und nur in besonderen Ausnahmefällen verweigert, wobei die zuständigen Abteilungen der Volkspolizeikreisämter angewiesen seien, „auch Visa zur ständigen Ausreise unverzüglich zu erteilen". Auf die Nachfrage, ab wann die Bestimmung gelte, antwortete Schabowski um kurz vor 19 Uhr: „Das tritt nach meiner Kenntnis (...) ist das sofort, unverzüglich". Diese zwar stockend vorgetragene,

Ost-Berlin am 9. November 1989: Günter Schabowski, Mitglied des SED-Politbüros und Erster Sekretär der SED-Bezirksleitung Berlin, gibt auf einer Pressekonferenz im Internationalen Pressezentrum die Öffnung der Grenzübergänge nach West-Berlin und zur Bundesrepublik bekannt.

aber eindeutige und zügig von den Medien verbreitete Aussage hatte am Abend einen Ansturm auf die Grenzübergänge zwischen dem Ost- und dem Westteil Berlins zur Folge.

Dabei versammelten sich besonders viele Menschen an der Grenzübergangsstelle Bornholmer Straße, wo die zunächst unsicheren Bediensteten dem Andrang noch vor Mitternacht nachgaben; gleiches geschah danach auch an anderen Berliner Grenzübergängen sowie im Berliner Umland. In West-Berlin wurden die Menschen begeistert empfangen, auf dem Kurfürstendamm kam es zu Verbrüderungsszenen. In der Nacht wurde auch die Mauer am Brandenburger Tor, *das* Symbol der deutschen Teilung, von Menschen aus beiden Teilen der Stadt „besetzt". In den folgenden Wochen und

Grenzübergang Invalidenstraße (Ost-Berlin) nach der Grenzöffnung am 9. November 1989.

Monaten reisten Millionen Ostdeutsche in das Bundesgebiet und nach West-Berlin, wobei lediglich eine verschwindende Minderheit nicht wieder zurückkehrte. Bis zum 30. November wurden 50 neue Grenzübergänge eingerichtet und die Sperrzone an der innerdeutschen Grenze wieder allgemein zugänglich gemacht. Die Maßnahme glich einer Art Ventilöffnung durch die SED-Führung und entsprach den vielfachen Forderungen der Protestbewegung in den Wochen zuvor. Damit hatte die Staatspartei allerdings ein entscheidendes Herrschaftsmittel aus der Hand gegeben, was ihren Machtverfall zusätzlich beförderte.

Der historische Vorgang veränderte auch das revolutionäre Geschehen in der DDR. Zwar demonstrierten in vielen DDR-Städten weiterhin Zehntausende für die konsequente Verwirklichung von Meinungs-, Medien- und Versammlungsfreiheit, für eine Bestrafung der Schuldigen an der Krise und gegen den Führungsanspruch der SED. In Leipzig fand am 18. November erstmals eine offiziell genehmigte Kundgebung des Neuen Forums statt. Doch im Vergleich zu den Vorwochen nahm die Zahl der Demonstrationsteilnehmer insgesamt ab. Gleichzeitig veränderte sich die Stoßrichtung ihrer Forderungen. Zunächst hatte Kritik an der (einst) übermächtigen SED und den Verhältnissen in der DDR im Vordergrund gestanden. Nach der Öffnung der Mauer gewann nun die Perspektive eines (wieder)vereinigten Deutschlands an Kontur. Symbolisiert wurde diese „Trendwende" durch die Ablösung bzw. Ergänzung der Losung „Wir sind das Volk!" durch den Slogan „Wir sind *ein* Volk".

Auch die Zeile „Deutschland einig Vaterland" war fortan auf Transparenten zu sehen: Diese entstammte der DDR-Nationalhymne, deren Text seit Anfang der 1970er Jahre allerdings nicht mehr gesungen werden durfte, weil die Deutschlandpolitik der SED seitdem *gegen* eine Vereinigung beider deutscher Staaten gerichtet war. Die neue politische Stimmungslage veränderte auch den bisherigen (scheinbaren) Gleichklang zwischen den Repräsentanten der Bürgerbewegung und der Bevölkerung. Bis zum 9. November hatte dieser hauptsächlich darauf gegründet, die Verhältnisse *in* der DDR zu verändern, nicht aber die Existenz des Staates (kurzfristig) in Frage zu stellen. So bezeichnete exemplarisch Sebastian Pflugbeil vom „Neuen Forum" die Maueröffnung als einen „übereilten Schritt, der die DDR an den Westen ausliefern und zu ihrem Ausverkauf führen" werde. Das Unverständnis über DDR-Bürger, die bei ihren Besuchen im „neuen" Teil Deutschlands die Annehmlichkeiten der westlichen Konsumwelt für sich entdeckten, kommentierte Stefan Heym in spöttisch zugespitzter Weise: „Aus dem Volk (...), das sein Schicksal in die eigenen Hände genommen hatte und das soeben noch (...) einer verheißungsvollen Zukunft zuzustreben schien, wurde eine Horde von Wütigen, die, Rücken an Bauch gedrängt (...) in den Grabbeltischen von westlichen Krämern wühlten". Dieser bei Bürgerrechtlern

„Montagsdemonstration" in der Leipziger Innenstadt: Kundge-
bungsteilnehmer fordern auf einem Transparent die deutsche
Einheit.

und „Intellektuellen" weit verbreiteten Stimmung entsprach
auch der von namhaften Personen unterzeichnete Aufruf
„Für unser Land" vom 28. November, der für eine „Eigenständigkeit der DDR" plädierte, in der eine „solidarische Gesellschaft" entwickelt werden solle. Demgegenüber sprach
man sich gegen einen „Ausverkauf unserer materiellen und
moralischen Werte" und gegen eine Vereinnahmung der DDR
durch die Bundesrepublik aus. Der Tenor dieses Aufrufs
war heftig umstritten, zumal wenig später auch Egon Krenz

Besuch von Bundeskanzler Helmut Kohl am 19. Dezember 1989 in Dresden: Gegner einer Vereinigung Deutschlands demonstrieren.

verlautbarte, diesen „mit tiefer Genugtuung zur Kenntnis genommen" zu haben.

Mit der Wahl von Hans Modrow (als Nachfolger von Willi Stoph) zum Ministerpräsidenten am 13. November verlagerte sich die politische Macht zunehmend von der Partei auf die Regierung, was auch dem erklärten Selbstverständnis Modrows entsprach. Dem stark verkleinerten Ministerrat gehörten im Vergleich mehr Angehörige der Blockparteien an, wobei die SED nach wie vor die Schlüsselfunktionen besetzte. Die wohl als vertrauensbildende Maßnahme gedachte Auflösung des Ministeriums für Staatssicherheit (MfS) sollte sich durch die gleichzeitige Schaffung eines Amtes für Nationale Sicherheit (AfNS) schon bald in ihr Gegenteil verkehren. Modrow hielt erkennbar Distanz zu seiner Partei und sprach von einem „neu verstandenen kreativen politischen Bündnis". In seiner Regierungserklärung am 17. November bezeichnete er die Bewältigung der Wirtschaftskrise und die Durchsetzung von demokratischen Reformen als Hauptaufgabe; der Bundesregierung schlug er eine umfassende „Vertragsgemeinschaft" vor. Die Nachrichtenagentur ADN berichtete von einer „ungewöhnlich kontroverse(n) Debatte" der Volkskammer; „ungläubiges Erstaunen" habe bei den meisten Abgeordneten über die Höhe der ihnen bisher verschwiegenen Staatsverschuldung geherrscht. Zu den Beschlüssen des Parlaments gehörten die Zusammensetzung eines „zeitweiligen Ausschusses zur Überprüfung von Fällen des Amtsmissbrauchs, der Korruption, der persönlichen Bereicherung (...)" sowie die Bildung einer Kommission zur Änderung und Ergänzung der Verfassung und eines zeitweiligen Ausschusses zur Ausarbeitung eines neuen Wahlgesetzes. Als Nachfolger von Horst Sindermann (SED) wurde zudem Günther Maleuda von der Demokratischen Bauernpartei Deutschlands (DBD) in geheimer Abstimmung zum Präsidenten der Volkskammer gewählt.

Auf den Modrow-Vorschlag einer Vertragsgemeinschaft reagierte Bundeskanzler Kohl am 28. November vor dem

Deutschen Bundestag mit seinem Zehn-Punkte-Plan. Dieser beinhaltete Sofortmaßnahmen zugunsten der DDR im humanitären Bereich, einschließlich eines gemeinsamen Devisenfonds für Besucher aus der DDR, umfassende wirtschaftliche Hilfe bei einem grundlegenden Wandel des politischen und wirtschaftlichen Systems, die Bildung gemeinsamer Kommissionen in verschiedenen Bereichen im Sinne des Modells einer Vertragsgemeinschaft, Entwicklung föderaler Strukturen mit dem Ziel einer bundesstaatlichen Ordnung in Deutschland bei Einbettung in den gesamteuropäischen Prozess sowie als ferneres – der Präambel des Grundgesetzes entsprechendes – Ziel, einen Zustand des Friedens in Europa herzustellen, in dem das deutsche Volk in freier Selbstbestimmung seine Einheit wieder erlangt. Die DDR-Regierung reagierte ablehnend, indem sie verbreitete, dass solche Erklärungen realitätsfern seien, weil es der „überwiegenden Mehrheit" des Volkes um „die Erneuerung einer souveränen DDR" ginge. Während auch Krenz (einmal mehr) feststellte, dass eine Einheit Deutschlands nicht auf der Tagesordnung stehe, bezeichnete der Vorsitzende der DDR-CDU, Lothar de Maizière, das Programm Kohls als „interessantes Konzept, das auch wesentliche Elemente eigener Vorstellungen" enthalte. Passend zu dem Standpunkt der Partei- und Regierungsspitze veröffentlichte das SED-Organ „Neues Deutschland" am 24. November eine Meinungsumfrage, deren Repräsentativität allerdings mehr als fragwürdig war: Danach sprachen sich 83 Prozent von 490 (!) befragten Ost-Berlinern für ein „Fortbestehen einer souveränen, sozialistischen DDR" aus. Danach zeigten sich auch 65 Prozent unentschlossen, wem sie ihre Stimme bei anstehenden Wahlen geben würden, während sich für die SED 19 und für „eine der neuen Gruppierungen" 11 Prozent entschieden hätten.

Dezember 1989: Das Ende des SED-Herrschaftsmonopols – der Staat im Übergang

Auf der Sitzung der Volkskammer am 1. Dezember wurde aus Artikel 1 der DDR-Verfassung jener Passus gestrichen, der die führende Rolle „der Arbeiterklasse und ihrer marxistisch-leninistischen Partei" festgeschrieben hatte, womit die SED nun auch formal ihre Vorherrschaft im Staat verlor. Der Rücktritt von Politbüro und Zentralkomitee auf der 12. (und letzten) ZK-Tagung am 3. Dezember verlieh dem Verlust des SED-Herrschaftsmonopols dann noch sichtbaren Ausdruck. Dieser erfolgte ausdrücklich, um „einer weiteren Gefährdung der Existenz der Partei entgegenzuwirken". Dazu wurden Erich Honecker und elf weitere Mitglieder der früheren Partei- und Staatsführung aus der Partei ausgeschlossen. Ein „Arbeitsausschuss" unter Vorsitz des 1. Sekretärs der SED-Bezirksleitung Erfurt, Herbert Kroker, wurde mit der Vorbereitung eines Außerordentlichen Parteitages beauftragt, der sodann wegen der krisenhaften Situation auf den 8./9. Dezember vorgezogen und am 16./17. Dezember fortgesetzt wurde. Noch am 6. Dezember erklärte Egon Krenz ebenfalls seinen Rücktritt als Vorsitzender des Staatsrates und des Nationalen Verteidigungsrates; als „amtierender" Staatsratsvorsitzender ersetzte ihn der LDPD-Vorsitzende Manfred Gerlach, womit erstmals ein nicht-kommunistischer Politiker das höchste Staatsamt bekleidete. Auf ihrem Sonderparteitag brach die SED mit den alten Leitungs- und Organisationsstrukturen, indem das Amt des Generalsekretärs, das Politbüro, das Zentralkomitee, die Zentrale Revisions- und die Zentrale Parteikontrollkommission abgeschafft wurden. Gleichzeitig wählten die Delegierten in geheimer Wahl Gregor Gysi in die neue Funktion eines Parteivorsitzenden sowie einen 101-köpfigen Parteivorstand und ein – neben dem Vorsitzenden – zehn Mitglieder umfassendes Parteipräsidium. Weiterhin wurde das Selbstverständnis als marxistisch-leninistische „Weltanschauungspartei" aufgegeben und

Strukturen verankert, welche die innerparteiliche Demokratie befördern sollten. Die Diskussionsbeiträge waren stark von einer Abrechnung mit der alten Parteiführung geprägt: So prangerte Gysi Unterschlagung, Machtmissbrauch und Privilegienwirtschaft an, warnte aber auch vor ungesetzlichen Racheakten, unbewiesenen Anschuldigungen und pauschalen Abqualifizierungen. Schon zur Vermeidung einer unkontrollierten „Selbstzerfleischung" oder gar Spaltung verzichtete der Parteitag allerdings auf eine wirklich tiefgehende Beschäftigung mit der „stalinistischen" SED-Vergangenheit. Inhaltlich-programmatisch waren die Ausführungen, auch des Vorsitzenden Gysi, von – bis dahin meist im Hintergrund wirkenden – Parteiintellektuellen aus verschiedenen wissenschaftlichen Instituten inspiriert. Befürwortet wurde gesellschaftspolitisch ein „Dritter Weg" in Gestalt eines nun nicht mehr bürokratisch-zentralistischen, sondern demokratischen Sozialismus bei gleichzeitiger Warnung vor einem „Ausverkauf der DDR" an den „Kapitalismus" der Bundesrepublik. Dieses schloss auch die Vorstellung von einer schnellen Vereinigung beider deutscher Staaten aus. Insbesondere Gysi ging es um die Stabilisierung der von Ab- und Auflösungsprozessen bedrohten Partei durch einen möglichst radikal erscheinenden Erneuerungsversuch, den auch der neue zusätzliche Parteiname PDS (= Partei des Demokratischen Sozialismus) illustrieren sollte.

Am 7. Dezember fanden auf Einladung des Bundes Evangelischer Kirchen in der DDR und der Berliner Bischofskonferenz in Ost-Berlin erstmals Gespräche am „Runden Tisch" statt. Dieses Modell ging auf entsprechende Vorgänge ein Jahr zuvor in Polen zurück und hatte die Herstellung und den Ausbau des politischen Dialogs zwischen (reformerischen) Vertretern des alten Systems und Mitgliedern (bis dahin) oppositioneller Bewegungen zum Ziel. Bereits am 22. November hatte das alte SED-Politbüro dem Dialog an einem „Runden Tisch" zugestimmt, bei dem die Parteien „gemeinsam mit anderen politischen Kräften des Landes" vor allem ein Wahlgesetz und eine Verfassungsreform erörtern sollten. Ab der zweiten Sitzung am 18. Dezember bis zur 16. und letzten am 12. März 1990 galt folgende Stimmenverteilung am Runden Tisch: SED-PDS, CDU, DBD, LDPD, NDPD und Neues Forum entsandten jeweils drei Vertreter, die Vereinigung der gegenseitigen Bauernhilfe (VdgB), Demokratie Jetzt, Demokratischer Aufbruch, (die am 24. November an die Öffentlichkeit getretene) Grüne Partei, Initiative Frieden und Menschenrechte (IFM), SDP, VL, FDGB und der (erst am 3. Dezember gegründete) Unabhängige Frauenverband (UFV) jeweils zwei Vertreter. Diese Zusammensetzung spiegelte ein ausgeglichenes Verhältnis von 19:19 zwischen „alten" und „neuen" Kräften wider; anderen Kleingruppierungen wurde zusätzlich noch ein Beobachterstatus eingeräumt. In einer Erklärung hieß es, man treffe sich „aus tiefer Sorge um unser in eine Krise geratenes Land, seine Eigenständigkeit

ullstein bild 00155304

Gespräche am „Zentralen Runden Tisch" in Ost-Berlin.

und seine dauerhafte politische Entwicklung". Obwohl der „Runde Tisch" keine parlamentarische Funktion oder Regierungsaufgaben ausüben könne, wolle er sich mit Vorschlägen zur Überwindung der Krise an die Öffentlichkeit wenden. Geplant sei eine Fortsetzung seiner Tätigkeit „bis zur Durchführung freier, demokratischer und geheimer Wahlen". Man einigte sich dann auch bei 22 Ja-Stimmen und 11 Enthaltungen auf den 6. Mai 1990 als Termin für die ersten demokratischen Wahlen zur Volkskammer. Auch wurde – bei einer Stimmenthaltung – die Ausarbeitung einer neuen Verfassung vorgeschlagen, die durch einen Volksentscheid bestätigt werden sollte. Schließlich wurde die DDR-Regierung einstimmig aufgefordert, das (gerade erst geschaffene) Amt für Nationale Sicherheit unter ziviler Kontrolle aufzulösen sowie die wirtschaftliche, finanzielle und ökologische Situation in der DDR offen zu legen und den „Runden Tisch" in alle wichtigen Entscheidungen miteinzubeziehen. In der zweiten Sitzung am 18. Dezember sprach man sich unter anderem für eine Vertragsgemeinschaft zwischen der DDR und der Bundesrepublik aus und einigte sich auf die Bildung von sieben themenbezogenen Arbeitsgruppen. Schon *vor* der Gründung des Ost-Berliner „Zentralen Runden Tisches" hatten sich bereits auf lokaler Ebene ähnliche Formen eines übergreifenden politischen Dialogs gebildet.

Das Wirken des Amtes für Nationale Sicherheit, dessen etwas moderner erscheinender Name die Kontinuität zum alten MfS nur unzureichend verschleiern konnte, rief den tiefen Argwohn der Bürger(-bewegungen) hervor. Vor allem die – begründete – Sorge, dass in den Bezirksobjekten der „ehemaligen" Stasi Säuberungsaktionen in Form von Aktenvernichtungen durchgeführt werden könnten, veranlasste viele mutige Bürger, am 4. Dezember die Bezirksbehörden der Staatsicherheit in Erfurt und dann in Dresden, Leipzig und anderen Städten friedlich zu besetzen. Man übernahm die Schlüsselgewalt über die Objekte und untersuchte detailliert die „sichtbare" Arbeit des ehedem als „Schild und Schwert der Partei" bezeichneten Geheimdienstes. Bei der Versiegelung von Archiven und Stahlschränken wurden auch Staatsanwälte mit herangezogen sowie erste Komitees zur Auflösung der Staatssicherheit gegründet. Hier hatte die Aufarbeitung des repressiven Teils der DDR-Vergangenheit ihren Ursprung, die bald in der Berufung eines Sonderbeauftragten und später eines „Bundesbeauftragten für die Unterlagen des Staatssicherheitsdienstes der ehemaligen DDR" mündete. Die Besetzung der Behörden war nur ein erster (öffentlichkeitswirksamer) Schritt: viel mühsamer gestaltete sich der Prozess einer nachhaltigen Auflösung des Apparates durch die Bürgerrechtler. Zwar trat das Kollegium des AfNS am 5. Dezember geschlossen zurück und 17 Leiter von größeren Dienstbereichen des ehemaligen Ministeriums wurden von ihren Funktionen entbunden. Doch beklagte sich der seit dem 21. November amtierende Leiter des Amtes, Wolfgang Schwanitz, am 7. Dezember darüber, dass die Bezirkseinheiten seiner Behörde in Cottbus, Dresden, Suhl und Rostock wegen des „Eindringens von Bürgern" ihre Arbeit würden einstellen müssen; die Ost-Berliner Zentrale des Amtes wurde wiederum von Volkspolizisten gesichert, um (unter anderem) das „unberechtigte Entfernen von Schriftgut" zu verhindern. Hierzu passte auch ein Rundschreiben von Schwanitz an die bezirklichen Zentralen, in dem mitgeteilt wurde, welche „Dokumente und Materialien" man den „autorisierten Kontrollgruppen aus Vertretern staatlicher Organe, sowie von Bürgerrechtlern" zugänglich machen dürfe. Es sei aber „in jedem Fall" die Einsicht in jene Vorgänge zu verhindern, welche beispielsweise Schlussfolgerungen über Inoffizielle Mitarbeiter (IM) zuließen. Nachdem auch der „Runde Tisch" Druck ausgeübt hatte, ergriff die DDR-Regierung ihrerseits Maßnahmen zur „Abwicklung" des AfNS: So wurde am 8. Dezember mitgeteilt, Ministerpräsident Modrow habe in allen Bezirken Regierungsbeauftragte eingesetzt. Diese sollten „in engem Zusammenwirken mit den örtlichen Staats- und Rechtspflegeorganen und Vertretern der Bürgerkomitees alle mit der Tätigkeit der Dienststellen des Amtes für Nationale Sicherheit zusammenhängenden Fragen" beraten und einer „Lösung zuführen". Am 17. Dezember konstituierte sich im Auftrag des Ministerrates ein „Berliner Kontrollausschuss zur Auflösung des Amtes für Nationale Sicherheit", außerdem nahm für diesen Vorgang ein Beauftragter der DDR-Regierung seine Tätigkeit auf. Wohl nach dem (namentlichen) Vorbild in der Bundesrepublik hatte die Regierung aber gleichzeitig die Bildung eines Nachrichtendienstes und eines Verfassungsschutzes für die DDR beschlossen.

Vor allem der Zerfall der SED, die Konstituierung des „Runden Tisches" und die (von außen) mit Macht betriebene Auflösung des Staatssicherheitsdienstes dokumentierten einen Staat im Übergang. Dazu kamen vermehrt Rücktritte bzw. (Partei-) Ausschlussverfahren gegenüber Funktionsträgern auf allen Ebenen und in nahezu sämtlichen „staatstragenden" Organisationen sowie das vom Generalstaatsanwalt der DDR eingeleitete Ermittlungsverfahren unter anderem gegen Erich Honecker, Erich Mielke, Willi Stoph und Hermann Axen wegen Amtsmissbrauchs und Korruption. Zahlreiche Institutionen benannten sich um, bekamen neue Kompetenzen oder lösten sich auf. So stellte die Staatliche Plankommission, in der DDR *das* zentrale Organ des Ministerrates für die Planung der Volkswirtschaft und die Kontrolle der Plandurchführung, wegen der völlig veränderten Rahmenbedingungen ihre Arbeit Ende 1989 ein; das Wirken eines an ihre Stelle getretenen „Wirtschaftskomitees des Ministerrates", welches den Übergang von der Planwirtschaft zu marktwirtschaftlichen Strukturen gestalten half, war dann aber nur von kurzer Dauer. Auch die innergesellschaftliche Krise hielt unvermindert an: Trotz Grenzöffnung wanderten immer noch viele DDR-Bürger in die Bundesrepublik ab (für 1989 zählte man 343.854 Übersiedler; 1988 waren es 39.832) und die wirtschaftliche Situation verschärfte sich nahezu täglich – die kontinuierliche Produktion in vielen Betrieben stockte aufgrund häufiger Streiks und

Arbeitsniederlegungen. Parallel dazu wurden mannigfache Vereinbarungen zwischen der DDR und der Bundesrepublik getroffen, die das regierungsoffizielle Ziel einer „Vertragsgemeinschaft" bereits konkret mit Leben füllten. Als Beispiele seien nur genannt: Die Absprache direkter Flugverbindungen zwischen Hamburg und Dresden bzw. München und Leipzig entsprechend einer Übereinkunft zwischen der Deutschen Lufthansa und der DDR-Gesellschaft Interflug am 1. Dezember; Gespräche über ein engeres Zusammenwirken zwischen den Rudersport- und den Kanusportverbänden aus der DDR und der Bundesrepublik am 11. Dezember; Vereinbarung von „Arbeitskontakten" und eines regelmäßigen Erfahrungsaustauschs zwischen dem Statistischen Bundesamt in Wiesbaden und der Staatlichen Zentralverwaltung für Statistik der DDR am 18. Dezember; daneben gab es vielfach Gespräche über ein intensiveres Zusammenwirken zwischen Kommunen in der DDR und der kommunalen Ebene in den Ländern der Bundesrepublik.

Abweichend von der Eingangserklärung des „Runden Tisches" bekannten sich auch immer mehr Organisationen in grundsätzlicher Hinsicht zur deutschen Einheit, wenn auch mit unterschiedlicher Akzentuierung über ihre Form und die zeitliche Perspektive. Die CDU, die ebenso wie LDPD, NDPD und DBD Anfang Dezember den „Demokratischen Block der Parteien und Massenorganisationen" verlassen hatte, artikulierte dies deutlich auf ihrem Sonderparteitag am 15./16. Dezember; die LDPD befürwortete in einer Erklärung vom 22. Dezember eine „neue staatliche Einheit Deutschlands in den Grenzen von 1989". Die SDP grenzte sich auf einer Vorstandssitzung am 3. Dezember zwar von „einer schnellen Wiedervereinigung im Sinne eines Anschlusses an die BRD" ab, befürwortete aber eine „Konföderation beider Staaten". Auf seinem Gründungsparteitag am 16./17. Dezember sprach sich der „Demokratische Aufbruch" für einen Weg „von vertraglicher Bindung zwischen den deutschen Staaten über einen Staatenbund zu einem Bundesstaat" aus;

die Bürgerbewegung „Demokratie Jetzt" stellte der Öffentlichkeit am 14. Dezember einen „Dreistufenplan der nationalen Einigung" vor, der allerdings einen langen Prozess bis zur „Schaffung einer einheitlichen deutschen Staatsbürgerschaft" vorsah. Eine gegenläufige Tendenz spiegelte eine von der „Vereinigte Linke" am 19. Dezember in Ost-Berlin angemeldete Demonstration unter dem Motto „Dieses Land gehört uns, wir müssen seine Zukunft in die eigenen Hände nehmen" wider, auf der sich 50.000 Menschen für eine „souveräne DDR" sowie gegen die „Wiedervereinigung" und einen „Ausverkauf des Landes" aussprachen.

Die auf eine Einheit Deutschlands zielende Stimmung in der DDR-Bevölkerung entlud sich besonders deutlich bei dem

Bundesarchiv, Bild 183-1989-1219-036, Hubert Link

Ost-Berlin: Gegen „Ausverkauf" und „Wiedervereinigung" demonstrieren zahlreiche Menschen anlässlich des Besuches von Bundeskanzler Kohl in Dresden am 19. Dezember 1989.

zweitägigen Besuch Bundeskanzler Kohls am 19. Dezember in Dresden. Schon auf dem Weg vom Flughafen in die Stadt, vor allem aber bei seiner Rede vor der Ruine der Frauenkirche wurde er von Zehntausenden, die Transparente mit der Forderung nach schneller deutscher Einheit und Deutschlandfahnen mit sich führten, bejubelt. Kohl bekannte: „Mein Ziel bleibt – wenn die geschichtliche Stunde es zulässt – die Einheit unserer Nation" und beschloss seine rund zehnminütige Rede mit „Gott segne unser deutsches Vaterland". Zu den Ergebnissen der Unterredung zwischen Kohl und Ministerpräsident Modrow gehörte die Ankündigung, dass Bundesdeutsche ab dem 24. Dezember ohne Visum und Mindestumtausch in die DDR und nach Ost-Berlin reisen könnten.

Bundesarchiv, Bild 183-1989-1223-009, Jürgen Ludwig

23. Dezember 1989: Einer der drei neuen Grenzübergänge für Fußgänger verbindet wieder die Gemeinde Lauchröden (Kreis Eisenach) und Herleshausen (Hessen). An der Stelle der im Zweiten Weltkrieg zerstörten Werrabrücke wurde ein behelfsmäßiges Bauwerk errichtet.

Ferner wurde ein Umtauschsatz von 1:3 (DM zu Mark der DDR) für Bundesbürger in der DDR ab dem neuen Jahr festgelegt. Auch sollten alle „politischen Gefangenen" in der DDR „nach Möglichkeit" noch vor Weihnachten entlassen und das Brandenburger Tor für den Fußgängerverkehr geöffnet werden. Schließlich stellten beide Seiten eine Vertragsgemeinschaft für das Frühjahr 1990 in Aussicht. An seinem zweiten Besuchstag traf Kohl unter anderem mit Vertretern der Kirchen und der Opposition sowie mit Dresdens Oberbürgermeister Wolfgang Berghofer zusammen. Während der Weihnachtstage besuchten dann mehr als 380.000 Bundesbürger und nahezu 765.000 West-Berliner die DDR und Ost-Berlin; aus umgekehrter Richtung reisten sogar 1,2 Millionen in die Bundesrepublik und den Westteil Berlins. Am Silvesterabend herrschte eine insgesamt ausgelassene und fröhliche Stimmung am Brandenburger Tor, wo Hunderttausende „Gesamt-Berliner" sowie Gäste aus dem In- und Ausland gemeinsam in das neue Jahr hineinfeierten. In einer am 30. Dezember veröffentlichten gemeinsamen Neujahrsbotschaft von Ministerpräsident Modrow, dem amtierenden Staatsratsvorsitzenden Gerlach und dem Volkskammerpräsidenten Maleuda hieß es: „Das zu Ende gehende Jahr 1989 wird als das Jahr der Friedlichen Revolution in die Geschichte unseres Landes eingehen"; die DDR-Bürger verwirklichten „ihren Traum von Freiheit, Demokratie und Gerechtigkeit". Auch bei „voller Öffnung der Grenzen zur BRD und zu Westberlin" werde allerdings „ein Ausverkauf der DDR nicht zugelassen". Es müssten aber alle Kräfte zur Überwindung der Krise mobilisiert werden: „Unterstützung dafür, insbesondere von Seiten der Bundesrepublik Deutschland, ist notwendig, dringlich und willkommen".

Die Entwicklungen bis zu den ersten freien Volkskammerwahlen am 18. März 1990

Die politische Autorität der Regierung Modrow sank mit Beginn des neuen Jahres stetig, wobei im selben Maß die Arbeit und die Beschlüsse des – im Januar 1990 am häufigsten tagenden – Zentralen Runden Tisches an Bedeutung gewannen. Dabei stand zunächst die Auflösung des Amtes für Nationale Sicherheit im Zentrum. Ergänzend zu der Information eines Staatssekretärs am 3. Januar, wonach das AfNS seine Tätigkeit eingestellt habe und „nicht mehr in der alten Struktur" bestehe, berichtete der Regierungsbeauftragte für die Auflösung des Amtes am 8. Januar dem „Runden Tisch" über die Entlassung von 25.000 der insgesamt 85.000 Mitarbeiter und die Auflösung aller 216 Kreisämter des Dienstes. Da weitergehende Fragen nicht zufriedenstellend beantwortet wurden, stellten die oppositionellen Parteien und Gruppierungen Modrow ein Ultimatum, baldmöglichst den Stand der Auflösung des Staatssicherheitsdienstes offenzulegen. Dieser sagte dem Runden Tisch am 15. Januar einen detaillierten Bericht zur Sicherheitslage zu, unterstrich aber noch einmal die (angebliche) Notwendigkeit neuer Sicherheitsorgane „unter ziviler Kontrolle". Begründet wurde das von Modrow (und zuvor schon von anderen Regierungsvertretern) mit den zum Jahreswechsel beobachteten rechtsextremistischen Umtrieben, denen Einhalt geboten werden müsse. So waren am 28. Dezember am Ehrenmal für die gefallenen sowjetischen Soldaten in Berlin-Treptow antisowjetische und nationalistische Schmierereien entdeckt worden. An gleicher Stelle demonstrierten am 3. Januar 250.000 Menschen gegen „Neofaschismus und Antisowjetismus"; dem Aufruf der SED-PDS folgten mit Ausnahme der CDU auch die Führungsgremien der (ehemaligen) Blockparteien und des FDGB. Kritiker deuteten diesen Vorgang allerdings als Versuch der ehemaligen Staatspartei, das Heraufziehen einer

Mehr als 250.000 Bürger demonstrieren am sowjetischen Ehren-mal in Berlin-Treptow. Die Hauptforderung der Kundgebungsteil-nehmer ist die Schaffung einer Einheitsfront gegen „Neonazismus, Neofaschismus und Rassenhass".

vermeintlich „neofaschistischen" Gefahr für eigene Zwecke zu instrumentalisieren, um die politische Initiative noch ein-mal zurückgewinnen zu können.

Tatsächlich aber war die Abwicklung des neu-alten AfNS nicht mehr aufzuhalten; die Bürgerwut gegen diese Institu-tion entlud sich am 15. Januar bei einer vom „Neuen Forum" initiierten Aktionskundgebung unter dem Titel „Mit Fantasie gegen Stasi und Nasi" vor der Zentrale des Staatssicherheits-dienstes in der Berliner Normannenstraße. Ein großer Teil der mehr als 100.000 Demonstranten stürmte das Gebäude, zerstörte teilweise die Inneneinrichtung sowie die techni-sche Ausrüstung und vernichtete Akten. Die Tatsache, dass den Eindringlingen praktisch kein Widerstand entgegenge-setzt wurde, nährte die Vermutung einer gesteuerten Aktion,

ullstein bild 00155715

4. Dezember 1989: Besetzung der Leipziger Stasi-Zentrale durch Bürger, die vor dem Gebäude der Staatssicherheit Einlass fordern, um Akten vor der Vernichtung zu bewahren. Plakat: „Wir fordern die sofortige Entmachtung und Auflösung der Staatssicherheit!"

indem den Demonstranten durch die Bediensteten lediglich „unwichtigere" Gebäudekomplexe des Apparates zugänglich gemacht wurden. Wie schon bei der Besetzung der Bezirksbehörden im Dezember 1989 wurden von den Bürgerrechtlern Komitees zur Auflösung gebildet, die den Prozess der Aufarbeitung in Gang setzen sollten. Modrow selbst fuhr mit Vertretern der Bürgerbewegungen zum „Tatort", um beruhigend auf die dort Anwesenden einzuwirken. Der DDR-Ministerrat beschloss dann am 8. Februar ein „Komitee zur Auflösung des ehemaligen Amtes für Nationale Sicherheit"; die Arbeitsgruppe „Sicherheit" des Runden Tisches teilte am 12. März schließlich mit, dass der weitgehend aufgelöste Staatssicherheitsdienst „nicht mehr arbeitsfähig sei". Da aber nicht ausgeschlossen werden könne, dass „kleine Gruppen noch aktiv" wären, seien Wachsamkeit und ein gesundes Misstrauen auch in Zukunft berechtigt. Der Prozess zur Auflösung wurde dann auch nach dem offiziellen Ende der Arbeit des Amtes am 31. März mithilfe einiger Mitarbeiter fortgesetzt.

Übte der Runde Tisch mit seinen zahlreichen Forderungen einerseits Druck auf die Regierung aus, warb diese andererseits vermehrt um breite Hilfe und Unterstützung. So warnte Ministerpräsident Modrow am 11. Januar vor einer „Demontage" der Regierung und forderte die Opposition zu „Vorschlägen" auf, in welcher Form sie bereit sei, „an der Regierungsarbeit unmittelbar und verantwortlich teilzunehmen". Einen „Appell zu Mitarbeit und Verantwortungsübernahme" richtete Modrow gleichfalls am 15. Januar an die Vertreter des Runden Tisches. Am 22. Januar machte er dem Runden Tisch seinerseits Vorschläge zur Kooperation, welche die Teilnahme von Oppositionspolitikern beim bevorstehenden Besuch in Bonn, Mitwirkung bei der Erarbeitung wichtiger Gesetzesvorlagen sowie „Teilnahme an der Regierungsverantwortung durch kompetente Persönlichkeiten" beinhalten sollte. Am 29. Januar erklärte Modrow vor der Volkskammer, dass sich die Krise in der DDR zugespitzt und der Staat weiter an Autorität verloren habe. Auch werde die Lage der Wirtschaft durch Warnstreiks und Ausfälle immer bedrohlicher. Eine Stabilisierung böten die Bildung einer „Regierung der nationalen Verantwortung" und vorgezogene Neuwahlen. Beides war tags zuvor bei Verhandlungen des Ministerpräsidenten mit dem Runden Tisch vereinbart worden. Die bis zu den Neuwahlen am 18. März amtierende Regierung wurde dann am 5. Februar gebildet; die Volkskammer wählte acht Mitglieder oppositioneller Parteien und Vereinigungen als Minister ohne Verantwortungsbereich in den Ministerrat: Tatjana Böhm (Unabhängiger Frauenverband); Rainer Eppelmann (Demokratischer Aufbruch); Sebastian Pflugbeil (Neues Forum); Matthias Platzeck (Grüne Partei); Gerd Poppe (Initiative Frieden und Menschenrechte); Walter Romberg (SPD; bis zu ihrer Umbenennung am 13. Januar SDP),

Klaus Schlüter (Grüne Liga) sowie Wolfgang Ullmann (Demokratie Jetzt).

Hatte Modrow noch am 11. Januar betont, dass „eine Vereinigung von DDR und BRD nicht auf der Tagesordnung" stehe, so legte er am 1. Februar seinen Plan „Für Deutschland, einig Vaterland – Konzeption für den Weg zu einem einheitlichen Deutschland" vor, der als notwendige Voraussetzung für die Form einer „Deutschen Konföderation" oder eines „Deutschen Bundes" die militärische Neutralität beider deutscher Staaten vorsah. Letzteres befürwortete auch der Runde Tisch auf seiner Sitzung am 19. Februar und lehnte den „Anschluss der DDR oder einzelner Länder" in Gestalt eines Beitritts nach Artikel 23 des Grundgesetzes der Bundesrepublik ab. Gleichwohl waren nahezu alle bedeutsamen politischen Beschlüsse dieser Zeit von der Perspektive eines baldigen Zusammenwachsens der noch getrennten Teile Deutschlands geprägt. Dabei waren sowohl die Regierung als auch der Runde Tisch erkennbar darum bemüht, möglichst viele der sozialpolitischen Regelungen im ostdeutschen Staat in den bevorstehenden Vereinigungsprozess mit zu integrieren. Davon zeugte vor allem auch die Aufforderung des Runden Tisches am 5. März, die DDR-Regierung möge eine (weitreichende) Sozialcharta in die am 20. Februar in Ost-Berlin begonnenen Verhandlungen über eine Wirtschafts- und Währungsunion einbringen. In einer Regierungserklärung am 20. Februar zu seinem Treffen mit Bundeskanzler Kohl in Bonn betonte Modrow, dass die Einheit Deutschlands mit Vernunft und Verantwortungsbewusstsein vollzogen werden und die soziale Sicherheit aller DDR-Bürger gewährleistet bleiben müsse.

Die auf den 18. März vorgezogene Volkskammerwahl hatte zur Folge, dass sich die politischen Gruppierungen im Rahmen des ersten in der DDR stattfindenden demokratischen Wahlkampfes zu profilieren begannen, wobei die Art und Ausgestaltung der deutschen Einheit im Mittelpunkt standen. Der von westdeutschen Parteien stark beeinflusste

Warteschlangen bildeten sich vor dem Wahllokal in der Gemeinde Neuhaus, Kreis Gagenow, in den Vormittagsstunden des 18. März 1990 anlässlich der ersten freien Volkskammerwahl.

Wahlkampf bestimmte fortan auch die traditionellen Montagsdemonstrationen in Leipzig, an denen, wie die Nachrichtenagentur ADN am 26. Februar meldete, „nur" noch einige Tausend Menschen teilnahmen. Schon am 3. Januar hatten sich sechs (ehemals) oppositionelle Parteien und Gruppierungen – Sozialdemokratische Partei (SDP), Demokratischer Aufbruch, Neues Forum, Demokratie Jetzt, Vereinigte Linke, Initiative Frieden und Menschenrechte – zu einem Wahlbündnis zusammengeschlossen, wobei die Vereinigte Linke ihre Unterschrift wenig später zurückzog. Auch die SDP verließ das Wahlbündnis am 13. Januar wieder und beschloss eine Umbenennung in den traditionellen Parteinamen SPD; zuvor war bekannt geworden, dass die Partei Zulauf von mehreren Gründungsmitgliedern des Demokratischen Aufbruchs bekommen hatte. Die SPD bekam vor allem Unterstützung von Willy Brandt, der am 25. Februar von der DDR-SPD auch zum Ehrenvorsitzenden ernannt wurde. Sie befürwortete einen Weg zur deutschen Vereinigung nach Artikel 146 des Grundgesetzes, der parallel mit der Verwirklichung der Einheit die Ausarbeitung einer gemeinsamen Verfassung vorsah.

Für ein Fortbestehen des Neuen Forums als Bürgerbewegung sprach sich auf einer Landesdelegiertenkonferenz in Leipzig eine Mehrheit der Teilnehmer aus. Politische Mandate auf allen Ebenen könnten nur von Mitgliedern wahrgenommen werden, die keiner Partei angehörten. Gleichzeitig wurde die Gründung einer Deutschen Forum-Partei bekannt, die alle Mitglieder vereinte, welche „die Durchsetzung politischer Ziele langfristig nur in einer Partei" für möglich hielten. Am 7. Februar bildeten Neues Forum, Demokratie Jetzt und Initiative Frieden und Menschenrechte ein Wahlbündnis unter dem Namen „Bündnis 90"; diese Gruppierungen befürworteten einen langfristigen Weg zur deutschen Einheit, basierend auf Reformprozessen in beiden deutschen Staaten und eingebettet in einer europäischen Friedensordnung. Ähnlich waren die Positionen von Grüner Partei und Unabhängigem Frauenverband (UFV) gelagert, die am 14. Februar ein Wahlbündnis für die Volkskammerwahl beschlossen. Am 12. Februar gingen die LDP, die Deutsche Forum-Partei (DFP) und die Freie Demokratische Partei (FDP) in der DDR – welche am 4. Februar ihren Gründungsparteitag abhielt – einen „Bund Freier Demokraten" ein; die ehemalige Blockpartei LDPD hatte am 10. Februar ihren ursprünglichen Parteinamen wieder angenommen. Der Bund befürwortete eine Einheit in „gemäßigtem Tempo" und über einen Volksentscheid. In seiner Geburtsstadt Halle eröffnete Hans-Dietrich Genscher am 16. Februar den Wahlkampf der Liberalen in der DDR. Am 5. Februar beschlossen die DDR-CDU, die am 20. Januar in Leipzig gegründete Deutsche Soziale Union (DSU; ein Zusammenschluss mehrerer konservativer Gruppierungen) und der Demokratische Aufbruch, zu den Wahlen gemeinsam als

„Allianz für Deutschland" anzutreten. Die Allianz sprach sich für eine möglichst schnelle Vereinigung nach Artikel 23 des Grundgesetzes aus, welcher den Beitritt der DDR bzw. ihrer Länder zum Geltungsbereich des Grundgesetzes vorsah. Zur Verdeutlichung ihrer Distanz zur amtierenden Regierung Modrow zog die CDU am 25. Januar ihre drei Minister aus der Regierung zurück. Am 1. März stellte das Bündnis in Bonn ein Sofortprogramm für die Wahlen vor und am selben Tag absolvierte Bundeskanzler Kohl seinen ersten Wahlkampfauftritt in Karl-Marx-Stadt (heute: Chemnitz).

Der Parteivorstand der SED-PDS, der sich am 20. Januar nach „langer, reiflicher und zum Teil kontroverser Diskussion" (so die Nachrichtenagentur ADN) gegen die Auflösung der Partei ausgesprochen hatte, teilte am 4. Februar mit, dass man fortan nur noch den Namen PDS tragen werde. Die ehemalige Staatspartei musste auch einen drastischen Mitgliederschwund hinnehmen: Hatte sie bis zur „Wende" noch 2,3 Millionen Mitglieder, gehörten ihr mit Stand vom 15. Februar 700.000 Personen an. Gleichwohl war sie durchaus noch kampagnenfähig: So versammelten sich nach einem Aufruf der PDS am 25. Februar im (Ost-) Berliner Lustgarten nach Angaben ihrer Zeitung „Neues Deutschland" Zehntausende Menschen, um „für eine souveräne DDR im Vereinigungsprozess" zu demonstrieren. Zu der (traditionellen) Kundgebung in der Gedenkstätte der Sozialisten im Ost-Berliner Stadtteil Friedrichsfelde waren am 14. Januar 250.000 Menschen zur Ehrung der 1919 ermordeten Rosa Luxemburg und Karl Liebknecht erschienen. Auf Veranstaltungen der PDS in Dresden, Leipzig und Halle erklärte ihr Vorsitzender Gysi, dass die Partei nicht gegen eine deutsche Vereinigung sei, doch dürfe dieser Prozess nicht „gewaltsam" beschleunigt werden. Die Vereinigte Linke ging am 25. Februar gemeinsam mit der am 13. Januar gegründeten marxistischen Gruppierung „Die Nelken" ein „Aktionsbündnis Vereinigte Linke" zur Volkskammerwahl ein. Die VL sprach sich für eine Verteidigung der DDR-Souveränität und gegen eine schnelle Vereinigung im Sinne einer „Angliederung an die BRD" aus; konsequenterweise verweigerte sie am 2. Februar auch einen Einstieg in die „Regierung der nationalen Verantwortung" mit der Begründung, dass das Bekenntnis von Modrow zu „Deutschland, einig Vaterland" die „Grenzen linker Politik" überschreite. Auf der Volkskammersitzung am 20. Februar verabschiedeten die Abgeordneten dann einige für die Wahlen notwendige Verfassungsänderungen sowie ein Wahlgesetz und eine Wahlordnung; auf eine (5%) Sperrklausel nach dem Vorbild der Bundesrepublik verzichtete man.

Bei der Volkskammerwahl am 18. März errang die CDU dann 40,8% (163 Mandate); SPD 21,9% (88); PDS 16,4 (66); DSU 6,3 (25); Bund Freier Demokraten DFP-LDP-FDP 5,3% (21); Bündnis 90 2,9% (12); Demokratische Bauernpartei Deutschlands (DBD) 2,2% (9); Grüne Partei – UFV 2,0% (8); Demokratischer Aufbruch 0,9 % (4); NDPD 0,4 (2); Demokratischer Frauenbund Deutschlands (DFD) 0,3% (1); Aktionsbündnis Vereinigte Linke 0,2% (1); die Wahlbeteiligung erreichte eine sehr hohe Marke von 93,4%. Damit vereinigte die „Allianz für Deutschland" 48% der Stimmen auf sich, was insofern überraschte, als der SPD im Vorfeld ein Wahlsieg prognostiziert worden war. Interessant an diesem Ergebnis war auch das schwache Abschneiden jener Kräfte, die im Herbst zu den Trägern der Friedlichen Revolution gehört hatten. Die Politik der Großen Koalition unter Ministerpräsident Lothar de Maizière (CDU) trug im weiteren Verlauf zu einem anderen historischen Datum der jüngeren deutschen Geschichte maßgeblich bei: Am 3. Oktober 1990, nur wenige Tage vor dem 41. Jahrestag ihrer Gründung, trat die DDR dem Gebiet der Bundesrepublik bei, womit die staatsrechtliche Vereinigung Deutschlands vollzogen war.

Unsere Zukunft: Europa

Öffentliche Veranstaltung mit

Bundesarchiv, Plak 102-007-023

Wahlplakat der SPD zur Volkskammerwahl am 18. März 1990.

Nicht Rechts. Nicht Links.

Wahlplakat von Bündnis 90 zur Volkskammerwahl am 18. März 1990.

Nie wieder Sozialismus

Ja!

Freiheit und Wohlstand

ALLIANZ FÜR DEUTSCHLAND
DA DSU CDU

Bundesarchiv, Plak. 104-PM0591-001

Wahlplakat der „Allianz für Deutschland" zur Volkskammerwahl am 18. März 1990.

Dieses Plakat ist nicht im Westen gedruckt.

ist von uns. Für uns.

Partei des Demokratischen Sozialismus

Wahlplakat der PDS zur Volkskammerwahl am 18. März 1990.

Die internationale Dimension der Friedlichen Revolution

Die DDR war schon aus historischen Gründen eng an die Sowjetunion gebunden, verdankte sie doch ihr Dasein dem Vordringen der UdSSR bis in die Mitte Europas als Folge der Zerschlagung des nationalsozialistischen Regimes im Jahre 1945. Ohne die Existenzgarantie der Sowjetunion war der ostdeutsche Staat, wie sich dann 1990 zeigte, nicht überlebensfähig. Folgerichtig wurde die DDR auch Mitglied des am 14. Mai 1955 unterzeichneten multilateralen Militärbündnisses „Warschauer Pakt" und schloss mit der Sowjetunion am 12. Juni 1964 noch zusätzlich einen „Vertrag über Freundschaft, gegenseitigen Beistand und Zusammenarbeit"; ein weiterer bilateraler Vertrag mit der sowjetischen Vormacht vom 7. Oktober 1975 bezeichnete das Bündnis mit dieser als „unwiderruflich" und beschwor „ewige Freundschaft". Als Mitglied der Warschauer-Vertrag-Staaten verfügte die DDR nur über eine beschränkte staatliche Souveränität – aus der „Breschnew-Doktrin" (benannt nach Leonid Breschnew, von 1964 bis zu seinem Tod 1982 KPdSU-Generalsekretär) leitete die Sowjetunion nämlich das Recht für ein politisches und militärisches Eingreifen ab, wenn in einem „Bruderstaat" die staatliche Ordnung des „real existierenden Sozialismus" gefährdet schien. Davon ließ sich Moskau vor allem 1968 bei seinem Einmarsch in die Tschechoslowakei wegen der als „Prager Frühling" bekannt gewordenen Vorgänge leiten. Mit dem Amtsantritt Michail Gorbatschows im März 1985 deutete sich neben einem innenpolitischen „Neuen Denken" auch eine außenpolitische „Wende" an, die in ihrer ganzen Dimension zunächst noch nicht erkennbar war. Der neue KPdSU-Generalsekretär verkündete alsbald den Verzicht auf bis dahin geltende ideologische Strukturelemente, was das (vorsichtige) Zugeständnis beinhaltete, dass es in der Politik der „Bruderländer" durchaus auch „Nuancen" geben könne;

schließlich wurde die „Breschnew-Doktrin" vollständig aufgegeben. Hinzu kam im Rahmen des von Gorbatschow favori-
sierten „Gemeinsamen europäischen Hauses" eine Annäherung der Sowjetunion an westliche Staaten im Allgemeinen
und die Bundesrepublik im Besonderen.

Im Jahr der Friedlichen Revolution hatten sich die Bedingungen für die DDR wegen ihres mangelnden Veränderungs-
willens also auch außenpolitisch stark zu ihren Ungunsten
verändert. Während in Polen und Ungarn und am 26. März
1989 auch in der Sowjetunion schon (verhältnismäßig) freie
Wahlen stattfanden, hielt die DDR bei den Kommunalwahlen,
wie anfangs dargelegt, an den herkömmlichen „realsozialistischen" Verfahrensweisen fest. Geradezu beschwörend
klang es daher, als Honecker gegenüber dem sowjetischen
Außenminister Eduard Schewardnadse am 9. Juni darauf verwies, dass Polen für den Sozialismus nicht verloren gehen
dürfe, während der Auflösungsprozess in Ungarn wohl nicht
mehr aufzuhalten sei. Diese zunehmende Entfremdung
gegenüber den eigenen Bündnispartnern bedeutete dann
auch, dass der ostdeutsche Staat den Beginn des Abbaus
der Sicherungsanlagen zwischen Ungarn und Österreich, die
zu der Massenflucht von DDR-Bürgern führte, als tiefgreifenden Affront betrachtete. Auf einer Tagung der Warschauer-
Pakt-Staaten am 7. und 8. Juli 1989 in Bukarest vermochte
die DDR schon nicht mal mehr eine eigene Stellungnahme
abzugeben, wenngleich Rumänien und die Tschechoslowakei zu diesem Zeitpunkt ebenfalls noch der alten orthodoxen
Politik anhingen.

Mit der Absetzung Honeckers schien eine Phase paralle-
ler politischer Ansätze zwischen den Führungen in Ost-Berlin
und Moskau anzubrechen. Doch auch wenn Gorbatschow
während eines Besuchs von Krenz am 1. November in Moskau die SED sogar noch einmal als „starke marxistisch-leninistische Partei" bezeichnete, die in der Lage sei, mit „Unterstützung des Volkes" den „Prozess der Erneuerung kühn
zu führen", formulierte der damalige SED-Generalsekretär

später den Eindruck, zwischen der DDR und der Sowjetunion sei „kein Schulterschluss" in den Grundfragen der sozialistischen Entwicklung mehr vorhanden gewesen. Auf einem Treffen führender Repräsentanten der Staaten des Warschauer Paktes am 4. Dezember in Moskau befürwortete Gorbatschow das Konzept von Ministerpräsident Modrow für eine deutsch-deutsche Vertragsgemeinschaft, welche allerdings nur akzeptabel sei, wenn sie nicht zur deutschen Einheit führe. Der zunehmende Autoritätsverlust der DDR-Regierung und die zwiespältige Beurteilung der „deutschen Frage" durch die sowjetische Führung trugen dazu bei, dass die Handlungsinitiative im Hinblick auf die sich abzeichnende Vereinigung Deutschlands zunehmend auf die politischen Akteure in der Bundesrepublik überging. Bei einem Besuch Modrows in Moskau am 30. Januar 1990 erklärte Gorbatschow bereits: „Mir scheint, es gibt ein gewisses Einvernehmen darüber bei den Deutschen in Ost und West sowie bei den Repräsentanten der vier Mächte, dass die Vereinigung der Deutschen niemals und von niemandem prinzipiell in Zweifel gezogen wird." Am 10. Februar erklärte Bundeskanzler Kohl bei seinem Aufenthalt in Moskau, die Sowjetunion werde die Entscheidung der Deutschen, in einem Staat zu leben, respektieren – ohne dass Gorbatschow zu diesem Zeitpunkt allerdings schon die Zugehörigkeit Deutschlands zur NATO akzeptieren wollte.

Die Politik Gorbatschows veränderte das bis dahin über weite Strecken gespannte Verhältnis zwischen den östlichen und den westlichen Bündnissystemen. Davon zeugten zunächst die Abrüstungsvereinbarungen zwischen den USA und der Sowjetunion. Die parallel dazu einsetzenden gesellschaftlichen Umgestaltungsprozesse in der UdSSR und später auch in den anderen ehemaligen „Ostblock"-Ländern wurden vom Westen mit Wohlwollen verfolgt und unterstützt. Demgegenüber war die DDR mit dem Makel ihrer „befestigten Staatsgrenze" als dem sichtbarsten Zeichen des „Kalten Krieges" behaftet, was trotz einer regen Besuchsdiplomatie in den 1980er Jahren zu einer dauerhaften und nachhaltigen Minderung ihres Ansehens im westlichen Ausland beitrug. Mit seinem spektakulären Auftritt in West-Berlin am 12. Juni 1987 schadete der amerikanische Präsident Ronald Reagan der DDR in doppelter Weise: Indem er direkt vor der Berliner Mauer am Brandenburger Tor Michail Gorbatschow aufforderte, diese einzureißen („Come here to this gate! Mr. Gorbatschow, open this gate! Mr. Gorbatschow, tear down this wall!"), verwies er vor den Augen der Weltöffentlichkeit einmal mehr auf das unmenschliche Bauwerk und stellte mit seiner an den sowjetischen Staats- und Parteichef gerichteten Ansprache gleich auch noch die Eigenständigkeit der DDR massiv in Frage. Allerdings vermutete zu diesem Zeitpunkt kaum jemand, dass Reagan mit seinem medial effektvollen Auftritt tatsächlich eine ernsthafte Absicht im Sinne einer operativen Politik verfolgte. Rund zwei Jahre später hatte sich die Situation in der und für die DDR gravierend verändert. Die nun auch dort einsetzenden revolutionären Prozesse erlebten mit der Grenzöffnung am 9. November einen weltweit beachteten vorläufigen Höhepunkt, weil damit die Mauer faktisch überflüssig geworden war und die Frage nach Bedingungen und Zeitpunkt einer Vereinigung Deutschlands auf die internationale politische Agenda drängten.

Während die USA die sich andeutende deutsch-deutschen Annäherung mit der Perspektive einer baldigen (Wieder-) Vereinigung insgesamt unterstützte, gab es bei den europäischen Siegermächten Großbritannien und Frankreich durchaus Vorbehalte gegen eine allzu schnelle Dynamik in diese Richtung. Davon zeugte vor allem der Besuch von Francois Mitterrand als erstem Staatschef der drei Westmächte vom 20. bis 22. Dezember 1989 in der sich bereits in Auflösung befindlichen DDR. Der französische Staatspräsident verkündete in Leipzig, dass heute „zwei souveräne Staaten" existierten, die man „nicht mit einem Strich aus der europäischen Realität" tilgen könne. Die „Bewegung, die aus Deutschland" komme, müsse „eingebettet sein in das Vertrauen der anderen". Der britische Außenminister Douglas Hurd sprach sich anlässlich eines dreitägigen Besuch in der DDR am 22. Januar 1990 sogar noch für eine Intensivierung der bilateralen Beziehungen aus und versprach der DDR Unterstützung bei Verhandlungen über ein Kooperationsabkommen mit der Europäischen Gemeinschaft. Er plädierte aber auch dafür, dass ein möglicherweise vereintes Deutschland Mitglied der NATO sein müsse. Die Schwäche der DDR-Regierung zeigte sich auch darin, dass es Ministerpräsident Modrow noch nicht einmal gelang, diese vorhandene Skepsis gegenüber einem vermeintlich mächtigen „Großdeutschland" für sich im Sinne einer Existenzverlängerung der DDR politisch zu nutzen. Ganz im Gegenteil: Modrows am 1. Februar

ullstein bild 00176978

12. September 1990: In Moskau unterzeichnen die Außenminister der beiden deutschen Staaten und der vier Siegermächte den „Vertrag über die abschließende Regelung in Bezug auf Deutschland" („Zwei-plus-vier-Vertrag"); von links: James Baker (USA), Douglas Hurd (Großbritannien), Eduard Schewardnadse (UdSSR), Roland Dumas (Frankreich), Ministerpräsident Lothar de Maizière (DDR), Hans-Dietrich Genscher (Bundesrepublik); dahinter (stehend) Michail Gorbatschow.

verkündetes Konzept für einen Weg zu einem einheitlichen Deutschland weckte das Misstrauen der Westmächte noch zusätzlich, weil diese ein neutrales Gesamtdeutschland in der Mitte Europas schon aus historischen Gründen nicht gutheißen konnten. Die Außenminister der Bundesrepublik, der DDR, der USA, der Sowjetunion, Großbritanniens und Frankreichs kündigten am 13. Februar im kanadischen Ottawa an, die „äußeren Aspekte der Herstellung der deutschen Einheit, einschließlich der Sicherheit der Nachbarstaaten", besprechen zu wollen. Am 14. März fanden in Bonn erste Gespräche von Delegationen der beteiligten sechs Außenministerien statt. Von diesen „Zwei-plus-vier-Verhandlungen" folgten sieben weitere auf Beamten- sowie drei auf Ministerebene, wobei der seit dem 12. April amtierende Außenminister Markus Meckel (SPD) für die „abzuwickelnde" DDR nur geringes politisches Gewicht in die Waagschale legen konnte. Der am 12. September 1990 in Moskau abgeschlossene „Vertrag über die abschließende Regelung in Bezug auf Deutschland" machte schließlich den Weg frei für ein souveränes und dem westlichen Bündnis angehörendes Gesamtdeutschland.

Schlussbetrachtung

Das Jahr der Friedlichen Revolution 1989 in der DDR wie auch ihre 40-jährige Existenz werden nicht lediglich als „Fußnote in die Weltgeschichte" eingehen (so die Prophezeiung von Stefan Heym), sondern mutmaßlich einen festen und bedeutsamen Platz in der deutschen und europäischen „Erinnerungskultur" behalten. Davon zeugt bisher schon die intensive – und wohl auch „nachhaltige" – Beschäftigung mit der DDR seit ihrem Verschwinden von der historischen Weltbühne. Vor allem spezifische Daten wie der 17. Juni (Volksaufstand in der DDR 1953), der 13. August (die physische Teilung Berlins 1961), der 3. Oktober (die staatsrechtliche Vereinigung 1990 und „Tag der Deutschen Einheit" im vereinigten Deutschland) und nicht zuletzt der 9. November werden steter Anlass sein, an den „realsozialistischen" zweiten deutschen Staat und die Etappen seiner Auflösung zu erinnern.

Mit der (Wieder-) Vereinigung Deutschlands wurden die ehedem getrennten Teilstaaten zu (zeit)historischen Objekten. Fortan galt es, sich neuen Herausforderungen zu stellen, die zum großen Teil in einem engen Zusammenhang mit dem Vereinigungsprozess und umwälzenden Veränderungen auf dem Gebiet der früheren DDR standen. Gerade hier liegt auch ein Spezifikum bei der Betrachtung anderer ehemals sozialistisch/kommunistischer Staaten in Mittelosteuropa: Während sich diese nach ebenfalls gelungenen Revolutionen gleichsam „aus eigener Kraft" ihrer Vergangenheit zu stellen hatten und die (demokratische) Zukunft gestalteten, geschah dieses im Hinblick auf die DDR unter den speziellen Bedingungen ihres Beitritts zur Bundesrepublik in einem vereinten „Gesamtdeutschland". Hieraus folgten ganz besondere Entwicklungen in gesellschaftlicher, ökonomischer und kultureller Hinsicht.

Ein Vierteljahrhundert nach der Friedlichen Revolution ist eine Generation herangewachsen, die die DDR nicht mehr aus eigenem Erleben kennt, was Konsequenzen bezüglich der Art und Weise des Erinnerns an diese hat. Gleichzeitig haben sich mit der „digitalen Revolution" und der Herausbildung globaler Kommunikations- und Informationsgesellschaften Entwicklungen vollzogen, welche die Phase der deutschen Zweistaatlichkeit bereits sehr fern erscheinen lassen. Manches ist von der Warte heutiger Gegebenheiten aus betrachtet nur noch schwer vorstellbar. Wäre eine DDR mit dem Anspruch auf weitgehende Abschottung und mitten in Europa gelegen unter gegenwärtigen Bedingungen überhaupt lebensfähig? Wie hätte man insbesondere die Teilung Berlins effektiv organisieren wollen? Angesichts heutiger Verhältnisse erscheint eine Betonmauer als Menschen trennendes und Informationen unterdrückendes Element als nachgerade anachronistisch.

Das vereinte Deutschland spielt eine wichtige und stabilisierende Rolle in einem immer stärker zusammenwachsenden Europa, das sich heute gänzlich anders darstellt als während der Teilungsphase. Allerdings war die Voraussage eines „Endes der Geschichte" (Francis Fukuyama) nach dem Zusammenbruch des sozialistischen Herrschaftssystems und Ansätzen einer umfassenden Demokratisierung in Mittelosteuropa erkennbar verfrüht – und das nicht nur wegen der verstärkten Herausforderung durch religiösen Fundamentalismus zu Anfang des neuen Jahrhunderts. In Europa zeichnen sich 100 Jahre nach Beginn des Ersten und 75 Jahre nach Beginn des Zweiten Weltkriegs Konfliktlinien ab, die nach den Friedlichen Revolutionen vor 25 Jahren und den nachfolgenden Entwicklungen nicht mehr in Betracht zu kommen schienen. Es ist zu wünschen, dass das vereinigte Deutschland gerade mit seinen aus der Teilungsgeschichte resultierenden spezifischen Traditionen und Kulturen einen Beitrag leisten kann, der auf die Stärkung jener Werte zielt, die die Aufbruchzeit 1989/90 gekennzeichnet haben. Freiheit, Demokratie, Selbstbestimmung und Rechtsstaatlichkeit sind Errungenschaften, die in einem friedlichen und einigen Europa einen bleibenden Wert behalten und möglichst auch über diese Region hinaus den Rahmen für staatliches Zusammenleben bilden sollten.

Abkürzungsverzeichnis

ADN	Allgemeiner Deutscher Nachrichtendienst
AfG	Akademie für Gesellschaftswissenschaften beim ZK der SED
AfNS	Amt für Nationale Sicherheit
BRD	Bundesrepublik Deutschland
CDU	Christlich-Demokratische Union Deutschlands
ČSSR	Československá Socialistická Republika (Tschechoslowakische Sozialistische Republik)
DA	Demokratischer Aufbruch
DBD	Demokratische Bauernpartei Deutschlands
DDR	Deutsche Demokratische Republik
DFD	Demokratischer Frauenbund Deutschlands
DFP	Deutsche Forum-Partei
DJ	Demokratie Jetzt
DM	Deutsche Mark
DSU	Deutsche Soziale Union
FDGB	Freier Deutscher Gewerkschaftsbund
FDJ	Freie Deutsche Jugend
FDP	Freie Demokratische Partei
IFM	Initiative Frieden und Menschenrechte
IM	Inoffizieller Mitarbeiter
KEK	Konferenz der Evangelischen Kirchenleitungen
KP	Kommunistische Partei

KPD	Kommunistische Partei Deutschlands
KPdSU	Kommunistische Partei der Sowjetunion
KSZE	Konferenz über Sicherheit und Zusammenarbeit in Europa
LDP(D)	Liberal-Demokratische Partei (Deutschlands)
MfS	Ministerium für Staatssicherheit
MITROPA	Mitteleuropäische Schlaf- und Speisewagen Aktiengesellschaft
NATO	North Atlantic Treaty Organization (Nordatlantikpakt)
ND	Neues Deutschland
NDPD	National-Demokratische Partei Deutschlands
NF	Neues Forum
PDS	Partei des Demokratischen Sozialismus
SDP	Sozialdemokratische Partei in der DDR
SED	Sozialistische Einheitspartei Deutschlands
SoFd	Sozialer Friedensdienst
SPD	Sozialdemokratische Partei Deutschlands
Stasi	Staatssicherheit
UdSSR	Union der Sozialistischen Sowjetrepubliken
UFV	Unabhängiger Frauenverband
UNO	United Nations Organization (Vereinte Nationen)
VdgB	Vereinigung der gegenseitigen Bauernhilfe
VL	Vereinigte Linke
ZK	Zentralkomitee

Chronik

1989

4. September	Versammlung von 800 Menschen nach einem Friedensgebet auf dem Vorplatz der Leipziger Nikolaikirche (Beginn der „Montagsdemonstrationen")
9. September	Gründung des Neuen Forums (NF) in Grünheide bei Berlin
10./11. September	Entscheidung der politischen Führung in Ungarn, die Grenze zu Österreich zu öffnen, was in der Folge eine Massenflucht von DDR-Bürgern auslöst
12. September	Die Bürgerbewegung „Demokratie Jetzt" (DJ) tritt an die Öffentlichkeit
15. September	Beginn einer Synodaltagung der Evangelischen Kirche in Eisenach, auf der „notwendige Veränderungen" in der DDR angemahnt werden
30. September	Bundesaußenminister Genscher teilt den Flüchtlingen in der bundesdeutschen Botschaft in Prag die Entscheidung der DDR-Führung mit, diese noch am selben Abend in die Bundesrepublik ausreisen zu lassen; gleiches gilt für die DDR-Bürger in der Botschaft der Bundesrepublik in Warschau
2. Oktober	Bildung der Oppositionsbewegung „Demokratischer Aufbruch" (DA)
4. Oktober	Öffentliche „Gemeinsame Erklärung" von Mitgliedern der entstandenen Bürgerbewegungen und (kirchlicher) Basisgruppen

6. Oktober	Beginn der offiziellen Feierlichkeiten zum 40. Jahrestag der DDR im Palast der Republik mit hochrangigen Gästen, vor allem aus den befreundeten „Bruderstaaten". Demonstrationen in zahlreichen Städten der DDR für Meinungsfreiheit und Reformen
7. Oktober	Gründung der Sozialdemokratischen Partei (SDP) in Schwante bei Potsdam
9. Oktober	Ausweitung der „Montagsdemonstration" erstmals über den gesamten Leipziger Innenstadtring und ohne das Eingreifen von Sicherheitskräften. Unterzeichnung eines Aufrufs durch Sekretäre der SED-Bezirksleitung, den Generalmusikdirektor Kurt Masur, den Pfarrer Peter Zimmermann und den Kabarettisten Bernd Lutz Lange mit einem Dialogangebot an die Bürger
11. Oktober	Erklärung des SED-Politbüros „Zur Lage in der DDR nach dem 40. Jahrestag" mit vorsichtigen reformerischen Zugeständnissen an die Bevölkerung
18. Oktober	Rücktritt von Erich Honecker sowie der Politbüromitglieder Günter Mittag und Joachim Herrmann auf der 9. Tagung des ZK der SED sowie „einmütige" Berufung von Egon Krenz zum SED-Generalsekretär
24. Oktober	Wahl von Krenz zum Vorsitzenden des Staatsrates und des Nationalen Verteidigungsrates durch die Volkskammer der DDR. Demonstration von 12.000 Menschen in Ost-Berlin gegen diese Wahl

1. November	Bei einem Zusammentreffen mit Gorbatschow in Moskau nennt Krenz die „Politik des neuen Denkens und der Perestroika" eine „Quelle ständiger Anregungen für die Beschleunigung des gesellschaftlichen Fortschritts"
2. November	Rücktritt zahlreicher hochrangiger Funktionäre der SED, von Blockparteien und Massenorganisationen, die sich in den folgenden Tagen und Wochen noch häufen
4. November	Künstlerverbände veranstalten in Ost-Berlin mit 500.000 Teilnehmenden die bis dahin größte nicht von der SED angemeldete Demonstration in der DDR für Meinungs-, Presse- und Versammlungsfreiheit
8. November	Beginn der 10. Tagung des ZK der SED: Rücktritt des alten Politbüros und Wahl eines (stark verkleinerten) neuen; einstimmige Bestätigung von Egon Krenz als SED-Generalsekretär
9. November	Politbüromitglied Günter Schabowski gibt zum Abschluss einer Pressekonferenz bekannt, dass die DDR ihre Grenzübergänge zur Bundesrepublik und zwischen dem Ost- und Westteil Berlins ab sofort öffnet
13. November	Wahl von Hans Modrow zum Ministerpräsidenten der DDR
17. November	Regierungserklärung von Modrow: Bewältigung der Wirtschaftskrise und die Durchsetzung von demokratischen Reformen als „Hauptaufgabe"; Umwandlung des Ministeriums für Staatssicherheit (MfS) in ein „Amt für Nationale Sicherheit" (AfNS); Vereinbarung einer „Vertragsgemeinschaft" mit der Bundesrepublik

18. November	Erste offiziell genehmigte Kundgebung des Neuen Forums in Leipzig
28. November	Verkündung eines „Zehn-Punkte-Programms" zur Deutschlandpolitik von Bundeskanzler Kohl vor dem Deutschen Bundestag mit dem (Fern-) Ziel, die deutsche Einheit in freier Selbstbestimmung zu verwirklichen
	Veröffentlichung eines von Vertretern aus Politik, Wissenschaft und Kultur formulierten Aufrufs „Für unser Land", der für eine „Eigenständigkeit der DDR" und „solidarische Gesellschaft" plädiert
1. Dezember	Streichung der führenden Rolle der SED aus Artikel 1 der DDR-Verfassung durch die Volkskammer
3. Dezember	Rücktritt von Politbüro und Zentralkomitee auf der 12. (und letzten) ZK-Sitzung der SED
4. Dezember	Friedliche (Bürger-) Besetzung der Stasi-Bezirksbehörden in Erfurt und dann auch in Dresden, Leipzig und in anderen Städten der DDR
4., 5. und 7. Dezember	Austritt der „Blockparteien" aus dem SED-dominierten „Demokratischen Block der Parteien und Massenorganisationen"
6. Dezember	Rücktritt von Egon Krenz als Vorsitzender des Staatsrates und des Nationalen Verteidigungsrates; Berufung des LDPD-Vorsitzenden Manfred Gerlach zum „amtierenden" Staatsratsvorsitzenden

7. Dezember	Erste Gespräche am Zentralen Runden Tisch in Ost-Berlin zwischen Vertretern des „alten Systems" und jenen der (bis dahin) oppositionellen Kräfte
8./9. Dezember	Außerordentlicher Parteitag der SED; Wahl von Gregor Gysi zum Parteivorsitzenden
16./17. Dezember	Fortsetzung des Außerordentlichen Parteitages: Umbenennung der Partei in „SED-PDS"
19. Dezember	Besuch von Bundeskanzler Kohl in Dresden; Zehntausende DDR-Bürger bejubeln Kohl, schwenken Deutschlandfahnen und geben ihrer Forderung nach einer schnellen Verwirklichung der deutschen Einheit Ausdruck
20.-22. Dezember	Besuch des französischen Staatspräsidenten Mitterrand als erstem Staatschef der drei westlichen Siegermächte in der DDR; Hinweis auf die Existenz zweier deutscher „souveräner Staaten" in Europa
31. Dezember	Silvesterfeier am Brandenburger Tor mit Hunderttausenden Berliner Bürgern aus beiden Teilen der Stadt sowie vielen – auch ausländischen – Gästen

1990

3. Januar	Zusammenschluss von sechs (ehemaligen) oppositionellen Parteien und Gruppierungen in der DDR zu einem Wahlbündnis
13. Januar	Umbenennung der SDP in der DDR in den traditionellen Parteinamen SPD

15. Januar	Stürmung der Zentrale des Staatssicherheitsdienstes in der Ost-Berliner Normannenstraße durch einen Großteil der Demonstranten, die zuvor einer vom Neuen Forum initiierten Aktionskundgebung vor dem Gebäude gefolgt waren
22.-24. Januar	Besuch des britischen Außenministers Hurd in der DDR u.a. mit dem Versprechen, die DDR bei Verhandlungen über ein Kooperationsabkommen mit der Europäischen Gemeinschaft zu unterstützen
1. Februar	DDR-Ministerpräsident Modrow verkündet seinen Plan „Für Deutschland, einig Vaterland – Konzeption für den Weg zu einem einheitlichen Deutschland"
4. Februar	Die SED-PDS firmiert fortan nur noch unter dem Namen PDS
5. Februar	Bildung einer „Regierung der nationalen Verantwortung" in der DDR unter Führung von Hans Modrow und mit acht Mitgliedern oppositioneller Parteien und Vereinigungen als Minister ohne Verantwortungsbereich
	DDR-CDU, DSU und Demokratischer Aufbruch beschließen, zur Volkskammerwahl gemeinsam als „Allianz für Deutschland" anzutreten
7. Februar	Zusammenschluss von Neues Forum, Demokratie Jetzt und Initiative Frieden und Menschenrechte zu einem Wahlbündnis unter dem Namen „Bündnis 90"
8. Februar	Der DDR-Ministerrat beschließt die Bildung eines „Komitees zur Auflösung des ehemaligen Amtes für Nationale Sicherheit"

12. Februar	LDP, Deutsche Forum-Partei und die FDP in der DDR gehen ein Wahlbündnis für die Volkskammerwahl ein
13. Februar	Die beiden deutschen und die Außenminister der vier Siegermächte vereinbaren im kanadischen Ottawa gemeinsame Gespräche über die äußeren Aspekte der Vereinigung von Bundesrepublik und DDR
20. Februar	Erste Gesprächsrunde der deutsch-deutschen Kommission für eine Wirtschafts- und Währungsunion
12. März	Der Zentrale Runde Tisch tritt in Ost-Berlin zu seiner letzten Sitzung zusammen
14. März	In Bonn beginnen erste Gespräche für die „Zwei-plus-vier-Verhandlungen" über äußere Aspekte der Vereinigung Deutschlands
18. März	Bei der ersten freien Volkskammerwahl in der DDR erringt die „Allianz für Deutschland" 48% der Stimmen, womit jene Kräfte die Wahl gewinnen, die einen Beitritt der DDR zur Bundesrepublik nach Artikel 23 des Grundgesetzes befürworten

Literaturauswahl

Analysen, Dokumentationen und Chronik zur Entwicklung in der DDR von September bis Dezember 1989. Manuskript des Gesamtdeutschen Instituts – Bundesanstalt für gesamtdeutsche Aufgaben, Bonn 1990.

Chronik der Ereignisse in der DDR (hrsg. von Ilse Spittmann und Gisela Helwig), Edition Deutschland Archiv, 4., erweiterte Auflage, Köln 1990.

Deutschland Archiv. Zeitschrift für Fragen der DDR und der Deutschlandpolitik, Jahrgänge 21 (1988) und 22 (1989), passim.

Dokumentation zur Entwicklung der Blockparteien der DDR von Ende September bis Anfang Dezember 1989. Manuskript des Gesamtdeutschen Instituts – Bundesanstalt für gesamtdeutsche Aufgaben, Bonn 1989.

Eppelmann, Rainer/Grünbaum, Robert: „Sind wir die Fans von Egon Krenz? Die Revolution war keine ‚Wende'", in: Deutschland Archiv. Zeitschrift für das vereinigte Deutschland 37 (2004; 5), S. 864-869.

Florath, Bernd (Hrsg.): Das Revolutionsjahr 1989. Die demokratische Revolution in Osteuropa als transnationale Zäsur (Analysen und Dokumente. Wissenschaftliche Reihe des Bundesbeauftragten für die Unterlagen des Staatssicherheitsdienstes der ehemaligen DDR; Band 34), Göttingen 2011.

Fraude, Andreas: „Reformsozialismus" statt „Realsozialismus"? Von der SED zur PDS, Münster u.a. 1993.

Gutzeit, Martin/Heidemeyer, Helge/Tüffers, Bettina (Hrsg.): Opposition und SED in der Friedlichen Revolution. Organisationsgeschichte der alten und neuen politischen Gruppierungen 1989/90, Düsseldorf 2011.

Henke, Klaus-Dietmar (Hrsg.): Revolution und Vereinigung 1989/90. Als in Deutschland die Realität die Phantasie überholte, München 2009.

Heydemann, Günther/Mai, Gunther/Müller, Werner (Hrsg.) Revolution und Transformation in der DDR 1989/90, Berlin 1999.

Jarausch, Konrad H.: „Implosion oder Selbstbefreiung? Zur Krise des Kommunismus und Auflösung der DDR", in: ders./Sabrow, Martin (Hrsg.): Weg in den Untergang. Der innere Zerfall der DDR, Göttingen 1999, S. 15-40.

Jesse, Eckhard: „Die friedliche Revolution 1989/90", in: Eppelmann, Rainer/Faulenbach, Bernd/Mählert, Ulrich (Hrsg.): Bilanz und Perspektiven der DDR-Forschung, Paderborn 2003, S. 196-202.

Kowalczuk, Ilko-Sascha: Endspiel. Die Revolution von 1989 in der DDR, München 2009.

Kuhrt, Eberhard in Verbindung mit Buck, Hannsjörg F. und Holzweißig, Gunter im Auftrag des Bundesministeriums des Innern (Hrsg.): Opposition in der DDR von den 70er Jahren bis zum Zusammenbruch der SED-Herrschaft (Reihe Am Ende des Realen Sozialismus. Beiträge zu einer Bestandsaufnahme der DDR-Wirklichkeit in den 80er Jahren; Band 3), Opladen 1999.

Kuppe, Johannes L.: „Der Staat der SED in der Auflösung. Die Folgen", in: Die DDR auf dem Weg zur deutschen Einheit. Probleme, Perspektiven, Offene Fragen. Dreiundzwanzigste Tagung zum Stand der DDR-Forschung in der Bundesrepublik Deutschland 5. bis 8. Juni 1990 (hrsg. von Ilse Spittmann und Gisela Helwig). Edition Deutschland Archiv, Köln 1990, S. 95-102.

Lindner, Bernd: Die demokratische Revolution in der DDR 1989/90. Bundeszentrale für politische Bildung (Reihe Deutsche ZeitBilder), Bonn 2010 (überarbeitete und aktualisierte Neuauflage).

Neubert, Ehrhart: Geschichte der Opposition in der DDR 1949-1989, Berlin 2000 (2., durchgesehene und erweiterte sowie korrigierte Auflage).

ders.: „Ereignisse und Akteure der friedlichen Revolution 1989/90 – wie erinnern?, in: Deutschland Archiv. Zeitschrift für das vereinigte Deutschland 41 (2008; 3), S. 500-506.

ders.: Unsere Revolution. Die Geschichte der Jahre 1989/90, München 2008.

Richter, Michael: Die Revolution in Deutschland 1989/90. Anmerkungen zum Charakter der „Wende", Dresden 1995.

ders.: „Die Wende. Plädoyer für eine umgangssprachliche Benutzung des Begriffs", in: Deutschland Archiv. Zeitschrift für das vereinigte Deutschland 40 (2007; 5), S. 861-868.

Schöne, Jens: Die friedliche Revolution. Berlin 1989/90 – Der Weg zur deutschen Einheit, Berlin 2010 (2. Auflage).

Timmer, Karsten: Vom Aufbruch zum Umbruch. Die Bürgerbewegung in der DDR 1989, Göttingen 2000.

Zwahr, Hartmut: „Die Revolution in der DDR 1989/90 – eine Zwischenbilanz", in: Fischer, Alexander/Heydemann, Günther (Hrsg.): Die politische „Wende" 1989/90 in Sachsen. Rückblick und Zwischenbilanz, Weimar 1995, S. 205-252.